# 新形势下海事综合风险管控理论与实践

郑 霖 朱乐群 李智青 主编

化学工业出版社

·北京·

## 内容简介

本书在传统水上安全监管风险的基础上,创新性地提出了海事综合风险管控理念。从开展海事综合风险管控背景与必要性分析等入手,详细介绍海事综合风险管控相关概念、海事风险评估方法、海事综合风险分类等理论知识,系统总结国际、国内海事风险管控相关经验,并进行海事综合风险管控全生命周期的流程设计。以天津海事局在海事综合风险管控领域的成功实践为例,构建由"风险辨识—风险评估—风险防控—评价与监督"四要素构成的全生命周期海事综合风险管控流程,提出海事综合风险管控应用与推广方案,为做好新形势下海事综合风险管控工作提供有力保障。

本书可供海事系统工作者与行政管理者参考。

### 图书在版编目(CIP)数据

新形势下海事综合风险管控理论与实践/郑霖,朱乐群,李智青主编.—北京:化学工业出版社,2024.1
ISBN 978-7-122-44390-8

Ⅰ.①新… Ⅱ.①郑…②朱…③李… Ⅲ.①海上运输-交通运输管理-风险管理-研究 Ⅳ.①F550.72

中国国家版本馆CIP数据核字(2023)第211267号

---

责任编辑:孙高洁 刘亚军　　　装帧设计:关　飞
责任校对:宋　夏

---

出版发行:化学工业出版社
　　　　　(北京市东城区青年湖南街13号　邮政编码100011)
印　　装:北京盛通数码印刷有限公司
710mm×1000mm　1/16　印张9　字数148千字
2023年12月北京第1版第1次印刷

---

购书咨询:010-64518888　　　　售后服务:010-64518899
网　　址:http://www.cip.com.cn
凡购买本书,如有缺损质量问题,本社销售中心负责调换。

---

定　　价:80.00元　　　　　　　　　　版权所有　违者必究

# 本书编写人员名单

## 主编

郑　霖　朱乐群　李智青

## 参编人员

| | | | | |
|---|---|---|---|---|
| 冯小香 | 张　真 | 叶轩宇 | 周　然 | 单瑞海 |
| 李晓君 | 王壹省 | 张　意 | 高　侃 | 谢　勇 |
| 刘洪洋 | 彭士涛 | 孟阳光 | 王明春 | 尤冬颖 |
| 魏燕杰 | 佟　惠 | 路少朋 | 杨子涵 | 李　静 |
| 刘　针 | 刘爱珍 | 王金生 | 谢佳辉 | 贾明然 |
| 韩　凌 | 张翰林 | 王梦晨 | 阎　丽 | 刘兆杰 |
| 张　欣 | 云雨杰 | 吕洋洋 | 王　晴 | 张聆晔 |
| | 陈志铭 | 韩克玉 | | |

# 前言

当前国际环境和国内条件都在发生深刻而复杂的变化,海事系统所面临的风险来源日益多样化,风险的种类不断增加,风险的流动性、关联性、复合性特征也越来越明显,以往更多关注单一风险的做法已无法满足多源头海事风险管控的需要。因而在新形势下,必须树立全要素、全过程风险管控的综合理念,将海事系统面临的全领域风险进行统筹考虑,建立具有系统性的全生命周期综合风险管控机制,为有效防范化解各类海事风险提供坚实保障。

在此现实背景下,编写团队经过一年的资料收集整理、实地调研、文字编排等工作,最终编写完成本书。本书首先从国家、行业、海事系统三个层面分析了开展海事综合风险管控的主要背景,阐述了开展海事综合风险管控的必要性,介绍了海事综合风险的相关概念、方法及分类,并梳理了国内辽宁、福建、广东、江苏、浙江、上海等海事管理部门在风险管控工作方面的经验。在充分借鉴综合安全评估法(FSA)与PDCA循环管理法的基础上,进行海事综合风险管控全生命周期的流程设计,并以天津海事局为具体案例,系统介绍了天津海事局在综合风险管控方面的实践,按照综合管控预案制定要求,详细梳理了天津海事局在安全监管、履职责任、内部安全等领域的综合管控预案,制定天津海事局综合风险管控的应用、推广与保障措施。最后从加强组织领导、注重工作实效、营造良好氛围等方面提出了相关保障措施。

本书是在天津海事局战略研究项目"天津海事局综合风险管控研究"成果的基础上重新梳理、加工而成的。同时，天津海事局的各位领导在本书的前期研究与后期成书的过程中给予了大力支持，在此一并表示感谢。

限于作者水平，书中疏漏之处在所难免，恳请读者批评指正。

编者

2023 年 7 月

# 目 录

## 第1章　绪论　001

### 1.1　开展海事综合风险管控的背景分析　003
1.1.1　防范化解重大风险是实现稳定发展的首要前提　003
1.1.2　有效防控风险是交通强国建设的重要保障　003
1.1.3　加强风险管控是推动海事高质量发展的迫切需要　003

### 1.2　开展海事综合风险管控的必要性　004
1.2.1　单一风险管控无法满足新时期综合风险管控需要　004
1.2.2　被动式风险管控无法满足积极主动式风险管控需要　004
1.2.3　突击式风险管控无法满足常态化精准管控需要　005

### 1.3　开展海事综合风险管控的依据　005

## 第2章　海事综合风险管控理论基础　007

### 2.1　相关概念界定　009
2.1.1　风险　009
2.1.2　风险管理　010
2.1.3　海事安全监管风险　011
2.1.4　海事综合风险　011

|  |  |  |
|---|---|---|
|  | 2.1.5 风险的辨识与评估 | 012 |
|  | 2.1.6 海事风险管控 | 012 |
| 2.2 | 海事风险评估方法 | 012 |
|  | 2.2.1 综合安全评估法 | 012 |
|  | 2.2.2 故障树分析法 | 013 |
|  | 2.2.3 PDCA 循环管理法 | 014 |
|  | 2.2.4 风险矩阵法 | 014 |
|  | 2.2.5 危险性指数分析 | 015 |
|  | 2.2.6 危险与可操作性研究 | 015 |

# 第 3 章　海事风险管控经验借鉴　　　　　　　　017

| | | |
|---|---|---|
| 3.1 | 辽宁海事局风险管控 | 019 |
| 3.2 | 福建海事局风险管控 | 020 |
| 3.3 | 广东海事局风险管控 | 022 |
| 3.4 | 江苏海事局风险管控 | 025 |
| 3.5 | 浙江海事局风险管控 | 027 |
| 3.6 | 上海海事局风险管控 | 031 |

# 第 4 章　海事综合风险管控流程设计　　　　　　035

| | | |
|---|---|---|
| 4.1 | 海事综合风险辨识 | 037 |
| 4.2 | 海事综合风险评估 | 038 |

| | |
|---|---|
| 4.3　海事综合风险防控 | 039 |
| 4.4　海事综合风险评价与监督 | 040 |

## 第 5 章　天津海事局海事综合风险管控实践 —— 041

| | |
|---|---|
| 5.1　综合风险管控工作总体要求 | 043 |
| 　　5.1.1　指导思想 | 043 |
| 　　5.1.2　基本原则 | 043 |
| 5.2　综合风险管控组织机构设置 | 044 |
| 　　5.2.1　领导层 | 044 |
| 　　5.2.2　推进层 | 044 |
| 　　5.2.3　执行层 | 044 |
| 5.3　综合风险管控工作推进概况 | 044 |
| 　　5.3.1　出台综合风险管控指导性文件 | 045 |
| 　　5.3.2　制定海事综合风险管控预案 | 045 |

## 第 6 章　天津海事局综合风险管控预案 —— 047

| | |
|---|---|
| 6.1　安全监管风险综合管控预案 | 049 |
| 　　6.1.1　涉客船舶事故风险综合管控预案 | 049 |
| 　　6.1.2　水路危险货物运输风险综合管控预案 | 057 |
| 　　6.1.3　船舶碰撞桥梁风险综合管控预案 | 064 |
| 　　6.1.4　内河船涉海运输事故风险综合管控预案 | 069 |

|  |  | 6.1.5 极端自然灾害风险综合管控预案 | 074 |
|---|---|---|---|
|  |  | 6.1.6 超大型油轮事故溢油风险综合管控预案 | 078 |

6.2 履职责任风险综合管控预案　　　　　　　　　　　　　083

  6.2.1 政府信息公开违法违规风险综合管控预案　　　　083

  6.2.2 信访稳定风险综合管控预案　　　　　　　　　　　088

6.3 内部安全风险综合管控预案　　　　　　　　　　　　　093

  6.3.1 极端自然灾害造成内部安全风险综合管控预案　　093

  6.3.2 火情（火警）风险综合管控预案　　　　　　　　　098

  6.3.3 车辆事故风险综合管控预案　　　　　　　　　　　103

  6.3.4 公务船舶重大责任事故风险综合管控预案　　　　107

  6.3.5 信息设备或终端发生病毒传播风险综合管控预案　111

  6.3.6 重要信息系统中断风险综合管控预案　　　　　　117

# 第 7 章　天津海事局综合风险管控的应用、推广与保障措施　　121

7.1 风险管控的应用　　　　　　　　　　　　　　　　　　123

  7.1.1 完善线上综合风险管控模块，强化自我更新　　　123

  7.1.2 成立研究小组，加强风险跟踪研究　　　　　　　124

  7.1.3 加强培训交流，推动经验分享　　　　　　　　　124

  7.1.4 强化目标考核，建立激励警示机制　　　　　　　125

7.2 风险管控的推广　　　　　　　　　　　　　　　　　　125

  7.2.1 成立综合风险管控工作室，优化成果展示渠道　　126

  7.2.2 依托交通运输新型智库联盟，提交交通智库建言　126

  7.2.3 参加海事相关会议与论坛，开展成果宣贯　　　　126

  7.2.4 拓宽新媒体渠道，打造品牌级海事风险管控方法  127

  7.2.5 深化研究成果，提升综合风险管控机制影响力  127

7.3 保障措施  127

  7.3.1 加强组织领导  127

  7.3.2 注重工作实效  128

  7.3.3 营造良好氛围  128

# 参考文献  129

# 第 1 章

# 绪论

## 1.1 开展海事综合风险管控的背景分析

### 1.1.1 防范化解重大风险是实现稳定发展的首要前提

党的二十大报告指出,要提高防范化解重大风险能力,严密防范系统性安全风险。坚持安全第一、预防为主,建立大安全大应急框架,完善公共安全体系,推动公共安全治理模式向事前预防转型。推进安全生产风险专项整治,加强重点行业、重点领域安全监管。提高防灾减灾救灾和重大突发公共事件处置保障能力,加强国家区域应急力量建设。《中共中央关于制定国民经济和社会发展第十四个五年规划和二〇三五年远景目标的建议》中指出,"把安全发展贯穿国家发展各领域和全过程,防范和化解影响我国现代化进程的各种风险,筑牢国家安全屏障"。这体现了党中央对于风险防范工作的高度重视,也反映出当前我国的风险防范工作具有极端紧迫性和艰巨性。

### 1.1.2 有效防控风险是交通强国建设的重要保障

交通运输是基础性、先导性、战略性产业和服务性行业,是利益和矛盾交汇、各类风险聚集的重点领域之一,迫切需要研究防范化解重大风险。《交通强国建设纲要》中明确提出:完善预防控制体系,有效防控系统性风险,强化风险防控机制建设。2020年交通运输部发布《关于推进交通运输治理体系和治理能力现代化若干问题的意见》,提出要完善交通运输重大风险防范化解机制,加快构建双重预防控制机制,加强交通运输重大风险研判、防控协同、防范化解,保障行业安全稳定发展。由此可见,防范风险是交通强国建设的重要组成部分,只有切实做好风险管控工作,找准交通运输工作中面临的风险隐患,准备好预案对策,落实好防范化解重大风险举措,才能推动交通运输行业高质量发展,将交通强国建设的美好蓝图变为现实。

### 1.1.3 加强风险管控是推动海事高质量发展的迫切需要

交通海事作为综合交通运输体系的重要组成部分与国家水上主要行政执法力量,其风险防控更具特殊性。海事系统要全方位支撑交通强国建设,必须提供一流海事服务，实现一流航海保障，打造一流海事队伍，建成一流设施装备，形成一流国际影响。这要求海事系统不断夯实本质安全基础，不断提升安全监管水平，使监管保障能力适应日益增长的交通运输需要，为经济社会水路运输和发展保驾护航。海事系统"十四五"发展规划中明确提出，坚持以人民为中心的发展思想，牢固树立安全发展的理念，深入贯彻落实总体国家安全观，不断夯实本质安全基础，坚决防范化解安全生产重大风险，由警戒式管控向风险式防控转变，提升安全监管能力。由此可见，做好综合风险管控工作已越来越成为推动新时期海事系统高质量发展的重要抓手，为更好履行"让航行更安全，让海洋更清洁"职责提供坚实保障。

## 1.2 开展海事综合风险管控的必要性

### 1.2.1 单一风险管控无法满足新时期综合风险管控需要

基于海事局维护水上交通安全的主要职责，以往单位风险管控基本只关注安全监管风险，制定的管控措施也大都围绕如何降低水上安全监管风险展开。随着国内外环境的深刻变化，各种可以预见和难以预见的风险因素明显增多，海事局所面临的风险源正日趋复杂，由工作人员履职、内部安全等因素引发的风险事件也呈现逐步增多态势，由此带来了一系列经济损失与不良社会影响。因而以往单一关注水上交通安全监管风险的做法已无法满足新时期多源头风险管控的需要，必须树立全要素、全过程风险管控的综合理念，统筹考虑安全监管、履职责任、内部安全等领域造成的风险，建立具有科学系统性的全生命周期综合风险管控机制，有力增强防范化解各类风险的能力。

### 1.2.2 被动式风险管控无法满足积极主动式风险管控需要

在单位以往风险管理过程中，时常存在上级领导对风险管控工作反复强调部署、主管部门针对同类风险重复发文等情况，风险管控的落实部门往往只对最新文件的要求负责，且只是机械地执行上级领导的相关指示及文件相关规定，整个风险管控过程不注重经验的积累与手段的提升，缺乏以追求防控效果为导向的主动意识。这种自上而下的被动式风险管控导致执行部门的管控工作大都停留在流程化的表面，并未真正将风险管控意识贯穿到实际工作中的各个环节，无法产生良好的防控效果，导致同类风险事件反复发生。因此，必须推动海事风险管控朝着自下而上的主动式管控转变，将工作重点和目标由"事后处理"向"事前防控"转移，强化每一位海事工作人员的风险管控意识，通过流程的完善与机制的优化引导执行部门主动开展风险辨识、评估与管控工作，将其作为一项关乎全局发展的重要课题去超前思考、认真谋划，并与自身工作开展深度融合，提升综合风险管控的长效性与科学性。

### 1.2.3 突击式风险管控无法满足常态化精准管控需要

基于风险事件在某些重要时间节点发生频率较高的特性，单位往往会在节假日、两会期间等敏感时期采取更为严格的风险管控措施，上级领导也会对风险管控工作投入更多关注，在重要时间节点领导甚至会亲自带队就关键环节的风险点展开排查，确保将风险事件出现的概率降到最低。但当敏感时间节点过后，整个单位的风险管控工作就又恢复到较为松散的状态，执行部门人员的风险意识也趋于弱化，这就导致风险管控工作呈现出时松时紧的不平衡状态。随着当前各类风险源的日益增多，风险事件的发生频率越来越不规律，风险高发期的界限也越来越模糊，以往更多关注敏感时间节点突击式的风险管控方式已无法满足常态化精准防控的需要。因而，必须将风险管控作为一项持续提升的常态化工作，通过定期和专项两种途径对风险进行辨识，及时对内外环境的变化进行跟踪分析，适时调整优化风险管控方法，从源头上降低风险事件出现的频次，提升整个组织的本质安全水平。

## 1.3 开展海事综合风险管控的依据

① 《风险管理 指南》，中华人民共和国国家市场监督管理总局、中国国家标准化管理委员会，2022年10月。

②《中华人民共和国安全生产法》（以下简称《安全生产法》），全国人民代表大会常务委员会，2021年6月。

③《中共中央国务院关于推进安全生产领域改革发展的意见》，中共中央国务院，2016年12月。

④《交通运输安全生产风险管理办法》，交通运输部，2016年。

⑤《交通运输部关于推进安全生产风险管理工作的意见》，交通运输部，2014年。

⑥《公路水路行业安全生产风险管理暂行办法》，交通运输部，2017年5月。

⑦《公路水路行业安全生产事故隐患治理暂行办法》，交通运输部，2017年5月。

⑧《公路水路行业安全生产风险辨识评估管控基本规范（试行）》，交通运输部，2018年11月。

⑨《交通运输部办公厅关于进一步加强水上交通安全管理工作的通知》，交通运输部，2018年5月。

⑩《水上交通事故统计办法》，交通运输部，2021年9月。

⑪《关于防范化解交通运输行业重大风险的若干意见》，交通运输部，2019年4月。

⑫《防治船舶污染海洋环境管理条例》，国务院，2018年3月。

⑬《交通运输部关于加强水上客运安全管理的意见》，交通运输部，2014年8月。

⑭《海事网络风险评估与管理体系指南》，中国船级社，2020年2月。

# 第 2 章
# 海事综合风险管控理论基础

海事

## 2.1 相关概念界定

### 2.1.1 风险

风险的英文为risk，来源于古意大利语，其实指的是冒险，是利益相关者的主动行为，有某些正面含义。经过两百多年的演绎，"风险"一词越来越被概念化，并随着人类活动的复杂性和深刻性而逐步深化，且与人类的决策和行为后果联系越来越紧密，不同行业由于行业性质的不同，对于风险也存在不同的定义。

早在19世纪，西方古典经济学著作就提出了风险的初步定义，认为风险是生产经营活动的副产品；经营者的经营收入是对其在生产经营活动中所承担的风险的报酬和补偿。其后，美国学者威雷特于1901年给出了比较准确的风险定义。他认为，风险是关于人们不愿看到的事件的发生不确定性的客观体现。这个风险定义中的两点内涵成为学者们后来研究有关风险问题的基础。第一，风险是客观存在的。风险的存在具有客观性，不以人的意志为转移，人们可以规避、控制、转移风险，但是不能够从根本上消灭风险。第二，风险的本质与核心是不确定性。风险事件的发生具有不确定性，影响的结果同样具有不确定性。威雷特关于风险的定义特别指出了不确定性在风险中所处的核心地位。

1921年，在威雷特有关风险理论的基础之上，美国经济学家F. H. 奈特进一步对风险与不确定性进行了明确的区分。1964年，美国学者威廉和汉斯把人的主观因素引入风险分析之中，认为风险虽然是客观的，对同一环境中的任何人都是以同样的程度存在，但不确定性的程度则是风险分析者的主观判断，不同的人对同一风险的认识可能不同。20世纪80年代初，日本学者武井勋在吸收前人研究成果的基础上对风险的含义重新进行了表述："风险是在特定环境下和特定时期内自然存在的导致经济损失的变化。"而Ulrich Beck(1986)则视风险为"对现实的一种虚拟"，将风险界定为"认识、潜在冲击与症状的差异"。

1992年，Yates和Stone更进一步提出了风险结构的三因素模型，透彻地分析了风险的内涵。他们认为，风险是由三种因素构成的：①潜在的损失；② 损失的大小；③潜在损失发生的不确定性。Yates和Stone的风险三因素模型从本质上反映了风险的基本内涵，是现代风险理论的基本概念框架。

尽管每一种风险定义都包含不确定性，但是不同的风险定义在看待不确定性如何影响风险的发生方面存在差异。归纳起来有以下四种观点：①风险就是不确定性。②风险是损失种类的不确定性。③风险是某种损失可能发生的不确定性，即使人们知道哪些种类的损失将会发生，还存在这些损失是否会发生的不确定性问题。④风险就是不确定性水平。

风险，就是目的与成果之间的不确定性，大致有两层含义：一种强调了风险表现为收益的不确定性，而另一种则强调风险表现为成本或代价的不确定性。若风险表现为收益或者代价的不确定性，说明风险产生的结果可能带来损失、获利或是无损失也无获利，属于广义风险。而风险表现为损失的不确定性，说明风险只能表现出损失，没有从风险中获利的可能性，属于狭义风险。

从不同角度出发，风险有不同的意义。对风险的理解也是相对的，因为既可以是一个正面的概念，也可以是一个负面的概念。风险一方面与机会、概率、不测事件和随机性相结合，另一方面与危险、损失和破坏相结合。无论何种观点，风险最基本的核心含义包含了两点，一是损失，二是不确定性。风险总是存在的，不能够完全消灭。管理者会采取各种措施减小风险事件发生的可能性，或者把可能的损失控制在一定范围内，以避免在风险事件发生时带来难以承担的损失。

## 2.1.2 风险管理

风险管理是一个过程管理，它指的是在一个存在各种风险的大环境中，如何将发生风险的可能性降到最低。这个过程包含了很多策略和方法，如对风险点的筛选、分析、评估以及列举各种应对的措施。20世纪30年代，在美国的保险业中风险管理的模式初步形成。到了20世纪50年代，"风险管理"一词首次提出，之后的十年经过专家学者的不断努力，由美国学者汉斯和威廉姆斯给风险管理下了定义：顾名思义，风险管理就是通过对风险点的查找、判断和衡量，进而采取相应的措施，以最小的筹码将风险可能带来的损失降到最低。此后，风险管理就成了一门相对独立的学科。一直到20世纪70年代以后，以美国为首的多个国家对外开始宣扬风险管理的相关理论和实践案例。

从学科分类上，风险管理可归类为管理学。20世纪末，像其他管理学理论那样，公共部门逐渐从企业学到了这些理论并加以运用，并将这些风险管理理论与工作实际相结合，风险管理慢慢地发展成为公共部门的利器。到 21 世纪，我国逐渐意识到风险管理的重要性，风险管理不断地渗透到政府部门中，这也成为近些年来专家学者不断研究的核心点和关键点。

整个风险管理过程是一个循环系统，随着风险处置计划的实施，风险会出现许多变化，这些变化的信息可及时反馈，风险预测和识别者就能及时地对新情况进行风险评估和分析，从而调整风险处置计划，并实施新的风险处置计划。如此循环往复，保持风险管理过程的动态性，就能达到风险管理的预期目的。

风险管理的作用，一是预防风险的发生，及时发现和消除风险隐患；二是减少风险造成的损失，降低对社会造成的不良影响；三是综合利用各种手段控制和转嫁风险，提高风险应对能力；四是完善内部运作机制和制度，防止重大风险事故的出现，营造安全的环境。

### 2.1.3　海事安全监管风险

在海事管理工作中，水上交通安全风险管理工作是最为基础且关键的环节。具体来说，其管理内容有：认真执行水上交通安全法律法规，充分发挥海事职能作用，履行水上交通安全监管职责，突出重点水域、重点时段的监管，同时要积极完成各项水上安全检查工作。

海事局的主要职责聚焦于履行水上交通安全监督管理，因而从传统意义上而言，海事风险主要是指海事安全监管风险，即在船舶管理、船员管理、通航秩序管理、船舶防污染管理等监管过程中所引发的风险。

### 2.1.4　海事综合风险

海事风险除了由自然条件的不确定性产生，还可能由社会环境的不确定性产生。在日常风险管理工作实践中发现，除海事安全监管风险外，涌现出越来越多包括如内部安全等因素在内的其他风险，这些风险均给全局的履职尽责与良性运行带来了一定的安全隐患，因而以往单一关注海事安全监管风险的做法已经无法满足全方位、全过程、全要素风险管控的需要，必须将系统内发生的所有风险进行统筹考虑。基于此，本书将海事综合风险定义为：针对海事局辖区已发生或可预见发生的可能引发船舶水上交通险情、事故或船舶造成的环境污染事件，以及海事局职工不正确履职引发的负面影响或个人受到责任追究情形，需要通过加强监督管理予以预防控制发生或重复发生并减轻不良影响的可能性。

### 2.1.5 风险的辨识与评估

风险辨识是风险管控的第一个环节，也是风险管控的基础，是指发现、确认和描述风险的过程。只有充分识别风险，才能有效地控制风险；只有在正确识别出自身所面临的风险的基础上，才能够主动选择适当有效的方法进行处理。对风险辨识工作的实施要求做到及时、客观、准确、全面地分析潜在风险，在分析中不可漏列和误列。辨识风险，有助于风险管理主体及时发现风险因素、风险源，减少风险事故的发生。

风险评估在风险事件发生之前或之后，是对该事件给人们的生活、生命、财产等各个方面造成的影响和损失的可能性进行量化评估的工作，即风险评估就是量化测评某一事件或事物带来的影响或损失的可能程度。风险评估的内容主要包括对风险本身的界定、对风险作用方式的界定以及对风险后果的界定，进而为确定风险的级别提供依据。

### 2.1.6 海事风险管控

海事风险管控，是指海事局采取各种措施和方法，消灭或减少海事局各项工作开展过程中可能造成重大财产损失或海洋污染，法律诉讼败诉或重大舆情等重大负面影响事件的风险发生的可能性，或者减少海事风险事件发生时造成的损失。

## 2.2 海事风险评估方法

### 2.2.1 综合安全评估法

经英国学界研究推动，1933年英国海事和海岸警卫厅向国际海事组织(IMO)海事安全委员会(MSC) 62届会议提交综合安全评估法(Formal Safely Assessment,

FSA）概念议案并被接受。1977年MSC 68届会议通过正式《FSA指南》，成为国际海运安全评价最主要的评估方法和工具。综合安全评估法由危险识别、风险评估、风险控制方案、成本与效益评估、提出决策建议等五个环节组成。

① 危险识别：危险识别是确定危险存在并定义其特性的过程，其目的是对所评估的系统可能存在的所有危险进行识别，并按危险程度粗略分类和有序排列，为下一步做准备。

② 风险评估：风险评估的目的是确定风险分布并识别、评估影响风险水平的因素，关注主要因素，主要有定性、定量及半定量等三种方法。

③ 风险控制方案：风险控制方案是在危险识别和风险评估的基础上，有针对性地提出有效可行的降低风险的措施，形成可行的规范和要求，既要从多角度提出风险的控制方案，又要考虑新技术和更多的操作方法等带来的新的风险。

④ 成本与效益评估：估算和评估由风险控制方案所产生的成本和效益。但该过程往往需要风险评估对象所属领域内所有各类专业人员共同分析，具有较大的难度，在具体实施FSA过程中往往省略该步骤。

⑤ 提出决策建议：经过FSA前四个步骤后，进行系统的综合协调，提出安全决策的建议。

## 2.2.2 故障树分析法

故障树分析法是由美国贝尔电话实验室的Waston和Mearns等人于1961～1962年间分析预测民兵式导弹发射控制系统安全性时首先提出的，此后在各行业开展大量研究应用。故障树分析法是一种演绎的逻辑分析方法，遵循从结果找原因原则，分析项目风险及其产生原因之间的因果关系，它是指在项目风险定性分析中通过可能造成项目失败的各种因素（包括硬件、软件、环境、人为因素等）进行分析，画出逻辑图，从而确定可能导致项目失败的原因的各种可能组合方式的一种树状结构图。它能对各种系统的危险性进行辨识和评价，不仅能分析出事故的直接原因，而且能深入地揭示出事故的潜在原因。用它描述事故的因果关系直观明了、思路清晰、逻辑性强，既可定性分析，又可定量分析。在事故树的定量分析中，可以计算每个基本事件对顶上事件发生概率的影响程度，以便更切合实际地确定各基本事件对预防事故发生的重要性，要改进系统应重点从何处着手。故障树分析法主要适用范围：一是在事故树分析中顶上事件可以是已经发生的事故，也可以是预想的事故。通过分析找出事故原因，采取相应的对策加以控制，从而可以起到对事故的预防作用。二是查明系统内固有的或潜在的各种危险因素，为安全设计、制定安全技术措施和安全管理提供科学、合理的依据。

### 2.2.3　PDCA循环管理法

PDCA循环管理法是由美国的质量管理学专家休哈特最早在1924年提出的，由世界著名的质量管理专家爱德华兹·戴明博士采纳和普及的质量管理体系基本模式，由计划（plan，P）、执行（do，D）、检查（check，C）、处理（action，A）四个阶段所组成的一个不停循环精进的过程。将该循环融入风险管理的实际操作中，可对PDCA循环的四个基本阶段进一步细分，来有效完成风险管理各步骤的具体要求，并将改进持续循环下去。主要分为以下四个阶段。P阶段：风险的识别、评估与策略计划；D阶段：对策略的实施；C阶段：风险监察；A阶段：策略调整、新风险识别。

### 2.2.4　风险矩阵法

风险矩阵法是项目管理过程中识别风险（风险集）重要性的一种结构性方法。在风险矩阵中，风险是指采用的技术和工程过程中不能满足项目管理需要的概率，以此为基础来分析辨识项目是否存在风险。在识别出项目风险的基础上，风险管理者利用风险矩阵来分析和评估风险对项目的潜在影响，计算风险发生的概率，根据事先确定的标准评定风险等级。风险矩阵法主要适用于可以计算风险概率并预测可能产生后果的情况。根据风险对项目的影响程度，将其分为五个等级，如表2.1所示。

表2.1　风险影响等级定义

| 风险影响等级 | 定义或说明 |
| --- | --- |
| 关键 | 一旦风险事件发生将导致项目失败 |
| 严重 | 一旦风险事件发生，项目经费大幅度增加，项目完成周期延长，可能无法满足项目需求 |
| 一般 | 一旦风险事件发生，项目经费增加，周期一般性延长，但还能完成项目的重要要求 |
| 微小 | 一旦风险事件发生，项目经费小幅增加，周期延长不大，项目各项指标还能够满足 |
| 可忽略 | 一旦风险事件发生，对项目基本没有影响 |

## 2.2.5 危险性指数分析

危险性指数分析法是一种评价具有潜在危险性环境中作业时的危险性半定量评价方法。它是用与系统风险率有关的3种因素指标值之积来评价系统风险大小，这3种因素是：$L$为发生事故的可能性大小；$E$为人体暴露在这种危险环境中的频繁程度；$C$为一旦发生事故会造成的损失后果。但是，要取得这种因素的科学准确的数据却是相当烦琐的过程。为了简化评价过程，采取半定量计值法，给3种因素的不同等级分别确定不同的分值，再以3个分值的乘积$D$来评价危险性的大小，即$D=LEC$。$D$值大，说明该系统危险性大，需要增加安全措施，或改变发生事故的可能性，或减少人体暴露于危险环境中的频繁程度，或减轻事故损失，直至调整到允许的范围。

## 2.2.6 危险与可操作性研究

危险与可操作性研究（Hazard and Operability Study，HAZOP），是一种针对设备安全而开发的危险性评价方法。HAZOP的基本过程是以关键词为引导，找出系统中过程的状态参数的变化（即偏差），然后继续分析造成偏差的原因、后果以及可以采取的对策。通过危险与可操作性研究的分析，能够探明装置及过程存在的危险，根据危险带来的后果，明确系统中的主要危险，如果需要，可利用事故树对主要的危险继续分析，因此它又是确定事故树顶上事件的一种方法。在进行可操作性研究的过程中，分析人员对单元中的作业过程和设备状况要深入了解，对单元中的危险及应采取的措施要有透彻的认识。

HAZOP可以全面考察分析对象，对每一细节提出问题，如在作业过程中，了解作业参数与设计要求不一致的地方即发生的偏差，进而进一步分析发生偏差的原因及后果，并提出相应措施。HAZOP分析的基本步骤如下：①提出问题。为了对分析问题能开门见山，直入主题，在提出问题时，只用NO、MORE、LESS、AS WELL AS等涵盖所有偏差。②划分单元，明确功能。将分析对象划分为若干个单元，在连续过程中单元以流程为主，明确各单元的功能，说明工作状态和过程。③定义关键词。按照关键词逐一分析每一单元可能产生的偏差，一般从过程的起点直至终点，逐步分析可能发生的偏差。④分析原因和结果。分析发生偏差的原因并说明造成的后果。⑤制定对策。⑥填写表格。

# 第 3 章
# 海事风险管控经验借鉴

海事

## 3.1 辽宁海事局风险管控

辽宁海事局以辖区海事安全监管实践为范例，成立安全监管"全风险"预控管理工作室，下设技术风险组、管理风险组、执法风险组和预控管理组，协同开展机制建设工作。

（1）探索"技术提示性预控"，开发技术性风险提示系统

利用大数据技术对2000～2015年辖区历史事故进行统计分析，结合全局海事安全监管综合风险预控问卷调查，辨识出辖区技术风险提示要素，包含气象、时段、区域、船舶等四大类。在此基础上开发"辽宁海事安全监管技术性风险提示系统APP"，立足"人-船-环境"这一影响海运安全的综合系统，关注"六区一线"、"四类重点船舶"、重点时段、恶劣气象和重点监管区域等安全风险等级高、环境敏感度高和民生关联度高的重点项目，实现上述监管重点和风险底数的即时提示。

（2）探索"管理督导性预控"，规范和细化执法业务管理文件制定程序和要求

制定出台相关业务管理文件，规范执法业务管理文件的制定。从综合法规、船舶管理、船检管理、安全监督、船员管理、危管防污、应急管理、通航管理、规费征稽等九个方面开展执法业务管理文件清理工作。

以"切实落实权力清单内容，解决对外管什么的问题"为着眼点，细化对规范性文件的制定要求。通过加强对规范性文件制定的管理，推进以隐患排查为代表的对外管理机制的建立健全。以海事权责清单为依据，以督促企业落实安全主体责任为出发点，将企业安全主体责任的落实情况作为规范性文件管理的要点。结合《安全生产法》对生产经营单位建立健全生产安全事故隐患排查治理制度的要求，通过发布规范性文件的形式，进一步规范、加强海事隐患排查工作，同时加强与地方安监等部门的沟通协作，推动企业自查自报自改、海事部门抽查执法以及水上安全监管全链条责任部门依职权各负其责的良好机制氛围的形成。

（3）探索"执法控制性预控"，出台现场监管规程

出台监管规程文件，加强事中事后监管。通过规范现场监管实施单位中心值班、现场巡视、现场监督和现场检查等四项现场监管制度的制定、审查和运

行，控制一线执法行为的精细介入度和全面执行度。目前，辽宁海事局所有基层执法单位，已根据各自辖区重点监管风险的梳理情况和制度文件要求，编制并运行各自适用的监管制度手册。

（4）探索综合风险预控系统建设，提出系统建设方案

综合风险预控系统以重点船舶、重点区域、重点时段和恶劣气象等风险底数的集中提示，现场巡视、现场监督和现场检查等现场监管任务的执行控制为核心，实现对各级辖区总体安全情况实时掌握、对各级辖区风险实时预警、对各级辖区监管重点实时提示、对所有执法力量与装备实时进行指挥和调配、对一线执法行为实时督导、对执法过程全程记录、对实时风险和决策管理及时评估等。同时，建立完善全海事系统间规范性文件和执法业务管理文件体系的互通展示和管理督导功能，并融合业务信息查询，提取应用危防、船舶、船员等现场业务办理模块数据，共同形成一套海事行政执法实时作战指挥系统。

## 3.2 福建海事局风险管控

（1）全力推进安全风险管控

福建海事局将重点时段安全监管工作与采运砂船专项整治等专项活动有机结合，强化两岸直航航线监管与服务，在节前集中对辖区重点船舶特别是对客（渡）船开展一次全面安全检查，全面强化客渡船安全监管，确保水路出行安全。同时加大对载运危险货物船舶的监督检查力度，确保危险货物船舶的运输安全。

此外，加强应急准备，确保应急处置有效有力。切实做好各项应急准备工作，督促指导客渡船等重点船舶及有关单位（部门）开展应对突发事故的救生、消防等演习，提升应急反应能力。同时，海事部门实时掌握海况气象，及时发布对水路出行有影响的台风、汛情和地质灾害预警信息，提醒船舶注意防范与应对，充分利用现有监管设施设备，增进安全监管效能，重点对VTS、CCTV、VHF以及海巡船艇等设施设备进行检查维护，确保发挥功效，落实保障服务，严格执行领导带班制度和应急待命制度，及时妥善处理各种海上突发

事件，保证政令和信息畅通。

（2）"双预防"机制铸就海上交通安全稳固防线

近年来，福建海事局通过构建风险分级管控和隐患排查治理双重预防工作机制（简称"双预防"机制），开展风险分级分类、隐患排查治理、内外综合防治等工作，持续增强辖区风险隐患的管控能力，海上交通安全现代化治理水平稳步提升。

福建海事局对可能引发险情事故的137项安全风险和87个事故隐患进行全面梳理，精编形成工作指南，开设"风险隐患双重预防"专题专栏，形成专项工作平台，加强基础信息管理，建立安全风险和事故隐患数据库，实现风险隐患分级管理、逐级报备、监测预警、科学评估、动态管控和统计分析等。在风险动态管控工作中，该局还将客运船舶作为重点，全面掌握辖区客运航线的风险隐患点，直观了解不同种类客运船舶安全监管差异，突出辖区客渡运船舶安全监管重点，严格落实恶劣天气下限制开航规定，防止客渡船超过抗风等级冒险航行，切实保障人民群众出行安全。依托现场综合执法系统和船舶交通管理系统，该局对辖区9个重大风险区域、21个较大风险区域进行差异化标识，并在日常工作中照单监管，确保风险管控到位、隐患排查整改到位，有效降低了辖区水上交通事故发生率，推动机制防范和科技防范的有效融合。

（3）地方海事部门严查隐患保安全

福州市地方海事局直属海事处在督促企业自查自改的基础上，邀请船员培训学校老师、资深海事人员、海运公司船长、船舶设计高工等组成专家组，同海事执法人员一起，开展"防风险、除隐患、保安全、迎大庆"百日行动回头看检查，对辖区所有生产经营单位、所有从业岗位进行全覆盖式风险隐患排查整治，着力解决安全发展理念不落实、安全生产责任不落实、安全隐患整改不落实、安全操作规程不落实等问题，累计检查经营单位9家，发现安全隐患6个，开出责令整改通知书5份。

福州市地方海事局湾边海事处组织走访辖区水工单位、航运企业、渡口渡船，督促企业落实安全生产主体责任，完善应急措施，并加强水域巡航和渡口渡船检查，排查辖区内河货运船舶和渡口渡船的技术状况、安全设施、船员实操能力中的安全风险隐患，严厉打击各类违法及违反航行和停泊规定的行为。2019年9月下旬以来，累计开展巡航检查7次，检查运输船舶9艘，整改船舶1艘，检查锚地、施工作业区6个；检查渡口8次，内河渡船10艘次；检查水工作业单位3家，航运企业6家。

## 3.3　广东海事局风险管控

（1）实施重大安全风险管控挂牌警示

深入贯彻习近平总书记在省部级主要领导干部坚持底线思维着力防范化解重大风险专题研讨班上的重要讲话精神，落实广东省委、省政府关于防范化解重大风险工作部署，广东省应急管理厅牵头大力推进安全风险分级管控机制建设，探索实施重大风险管控挂牌警示，积极打好防范化解安全生产和自然灾害重大风险主动战。

根据广东省人民政府同意印发的《广东省应急管理厅关于安全风险分级管控办法（试行）》（粤应急规〔2019〕1号）有关规定，省应急管理厅以省安委办、省减灾办名义联合组织负有安全生产监管和自然灾害防治职责的部门（单位），认真排查各自行业领域的安全风险，严格落实重大风险管控挂牌警示制度，按照统一工作安排，分两批向全社会公布本行业领域重大风险及管控情况。2019年7月12日，广东省水利厅、应急管理厅、气象局及广东海事局、广东省消防救援总队率先在政府部门官方网站（微信公众号）警示重大风险63处。7月15日，广东省公安厅、自然资源厅、住房和城乡建设厅、交通运输厅再警示重大风险63处。此次重大风险挂牌警示活动共警示重大风险126处，其中安全生产类风险73处，自然灾害类风险53处。挂牌警示期为12个月，各重大风险均已采取管控措施，整改进度和完成情况及时公布。

实施重大风险管控挂牌警示，是推动"不忘初心、牢记使命"主题教育整改落实的具体措施之一，是广东省做好风险预控、实现关口前移的创新举措，对广东省构建安全风险分级管控和隐患排查治理双重预防机制，实现把风险控制在隐患形成之前、把隐患消灭在事故前面具有重要意义。

（2）广东海事风险防控的五大重点

① 从"严"监管，保障安全形势稳定。牢固构建水上交通安全监管链，大力实施无缝监管，努力提高安全生产保障能力。一是坚持问题导向，摸清底数，把握规律。二是深入开展水上交通安全风险管理，要在风险识别、风险控制、风险规避上下足功夫。三是大力开展专项整治行动，深入开展"平安船舶专项行动"、"四类重点船舶"监管等专项整治。四是按照"六严"要求，强化现场安全监管。推行弹性执法检查，推进船员履职检查常态化，全面加强船员

违法记分处理，实施船舶海事劳工条件检查，建立珠江水系船员实操能力评估标准。五是全面加强流域、区域安全监管合作。加强粤港澳、粤闽琼桂等海事交流合作，推动涉水部门联动执法，形成流域、区域监管合力。

②从"实"布局，全面加强"三基"建设。一是不断夯实基层。落实关于加快推进海事系统基层海事处"三化"建设的意见，修订完善"五精"海事处建设成效评估体系，评选第二批"五精"海事处创建示范点。持续提升基层履职能力和水平，逐步建立以适任能力为核心、以岗位考核评价为支撑的内部管理制度和工作机制。二是打造坚实基础。实施广东海事局"十三五"建设规划，规范项目库管理，完善预算项目审核审批程序，细化项目前期工作，严格项目绩效考评，提高项目预算完成率。全面运行广东海事服务质量体系3.0版，完善内部管理机制，细化岗位职责，优化工作流程，强化目标管理，加强过程控制，全面提升广东海事发展软实力。三是练就扎实的基本功。实行人员分类培养，打造适岗型、专业型、专家型、复合型人才队伍，实现"人岗相适、才尽其用"。借助亚洲海岸警备机构首脑会议等平台推进国际海事合作。筹备东盟海事调查官培训，搭建中国与东盟"10+1"海事交流合作平台。组织开展公约专题研究，承接重点提案，实施任务攻关，提升中国履约影响力。

③从"新"着力，打造更强"智慧海事"。全面深化智慧海事监管与服务平台应用，接入海事局一级云数据中心，加快推进平台与日常业务系统的深度融合，加强平台数据集成和统计分析功能。完善二级云中心、灾备中心建设和SOA架构治理。开展网络安全大检查，制定完备的预案措施，筑牢网络安全屏障。推进内河重点水域无线网络覆盖，实现内河通航水域电子海图全覆盖。完善AIS、VHF、VTS等数据支撑，整合接入全省CCTV视频资源，全面应用移动布控视频采集系统，逐步消除智慧海事平台监管的盲区盲点。加快现场执法终端建设，加快粤东西北欠发达地区智慧海事建设，弥补"智慧海事"应用短板。加快与地方"单一窗口""电子口岸"等政务服务网的互联互通，把互联网基因植入海事服务之中，建立上下联动、层级清晰、信息共享、事权对应的海事电子政务体系。加快实施E航海示范工程，开发应用"启航者""江海驿站"等手机APP。加快非税收入智慧征管步伐，实现规费征稽远程申报和电子支付。加快船员口袋工程建设，增设船员远程考试考场，增配船员智能考试评估终端，提高船员无纸化办证率。推进智能海巡船艇建设，开展船检大数据统计分析，在全国推广船检管理信息系统扩展项目。

④从"精"入手，全面推进精准执法。厘清海事机构权责边界，完善权

责清单，探索建立负面清单，实施行政执法责任制、执法依据公开制、执法行为评议制。高度重视履职风险防范，切实做到责任分工到位、责任履行到位、责任追究到位。按照"四统一"（统一视觉形象、统一执法流程、统一服务标准、统一行为规范）要求，严格执行统一执法标准。增强法治思维和依法办事能力，切实做到办事依法、遇事找法、解决问题用法、化解矛盾靠法。建立并推行广东海事法律顾问和公职律师制度。积极推进电子执法，促进海事执法全程留痕、全程受控。完成政务公开机制和平台建设，依法公开行政审批、行政执法的依据、流程和结果，提高执法透明度和公信力，力争每一次行政执法均成为法制教育的"公开课"。严格控制行政执法裁量权，严格执法程序，完善海事行政处罚裁量制度、海事执法调查取证制度和执法责任追究制度。积极参与海事国际公约国内化工作，推进游艇、邮轮、海上钻井平台和水上飞机等新兴业务立规，做好海事规范性文件"立、改、废、释"工作。在全局范围内，适时开展"知法·执法"培训与竞赛活动。

⑤从"细"谋划，提升管理效能。持续强化规范管理，逐步建立繁简适度、逻辑清晰、职责明确、配置合理、过程受控的制度和标准体系。通过规范化抓重点，信息化上台阶，精细化下功夫，科学化见成效，全面加强预决算管理。通过建章立制，严肃财经纪律，严格审计监督，切实规范理财行为，增强财经纪律意识和依法理财执行能力。加强工作人员日常管理，深化工作人员考核机制，规范工作人员的调动、休假和干部人事档案管理，加快组织人事信息系统升级，强化人事基础信息工作。加强政务督办，完善行政督察机制。

（3）强化事前风险防控，珠海海事全面实施防御措施

珠海海事局进一步强化了海上危险天气预警等信息服务，通过VHF、广东智慧海事平台、电话等有效手段及时将预警信息告知辖区航行船舶、航运企业，提醒恶劣天气下采取必要措施以降低风险。

同时，珠海海事局有针对性地开展5000总吨以下中小海轮的专项检查，采取日间巡查与夜间驻点值守相结合的方式，在辖区重要航路设置值守点，重点检查中小海轮船舶配员、船员履职能力、船员对水域熟悉程度、航海文书资料的配备、锚泊船舶值守、航行船舶通信等内容。检查过程中，执法人员对于检查发现的问题，坚决要求整改，并将情况通报船舶公司，对于涉及人为因素的，执法人员严格对责任船员执行扣分制度，并对船员进行教育、考核，直到满足船舶适任条件。

此外，为有效应对危险天气下可能出现的海上险情，珠海海事局严格落实领导带班制度，强化应急值班，合理部署辖区海上应急力量，确保随时可以出动。

## 3.4 江苏海事局风险管控

（1）南京海事局加强仪征港区船舶航行风险管控

目前仪征港区危险品码头多、航道狭窄、业务量大，主要存在仪征油轮锚地油驳中转、靠离泊船舶横越、上行船舶贴岸航行三大风险，企业、海事、船舶各方要共同努力，企业更加主动落实安全监管主体责任，海事严格履行监管职责，勠力同心，降低仪征港区航行风险，保障长江南京段水上通航安全。重点做好下一步工作。

针对油驳中转风险，一是要调整计划，优化系统，尽可能地减少夜间驳船作业、穿越航道次数，一定要有具体的目标和举措；二是在能见度不良、大风、船舶高峰等特殊情况下，禁止夜间驳船作业。

针对船舶横越风险，一是要合理调度，在调度船舶时，要有适当的预判，可以提前向交管中心报告，针对水上通航互换信息；二是交管中心遇到船舶密度大、船流高峰、风力大、能见度不良等恶劣条件时，坚决不允许船舶横越；三是希望六公司和恒基达鑫等码头企业提出相关建议，在海轮靠离码头、进出锚地时，尽可能建议船舶请引航员操作。

针对贴岸航行风险，一是海事部门发布通告，122#~124#区域为危化品码头区域，提醒船舶不要贴岸航行，与码头保持一定安全距离，涉及违反规定的，依法进行处理，通告出来后，加强宣传；二是码头等相关单位做好相关声光警示，在码头区域设立警示牌，探索安装高音喇叭的可行性；三是提醒靠泊船舶加强值守，不仅值守作业安全，还对航行船舶是否对靠泊船舶构成危险进行提醒；四是海巡艇增加重点区域巡航频率，向上行船舶宣传保持对岸的安全距离，在宣传到位后，对船长大于80m的贴岸上行船舶进行依法依规处理；五是港区相关单位和海事局共同呼吁对船舶定线制实施评估修改，建议修改港区通航水域的推荐航路的宽度。

（2）南通海事局加强安全风险辨识防控工作

南通海事局就风险分级管控隐患排查治理双重预防机制建设工作进行总体部署并提出具体要求：一要思想认识到位，将"双防"工作作为全年的基础工作、重点工作抓好落实，各海事处主要负责人要切实承担起"一岗双责"；二要风险标识到位，依据历史事故险情发展规律对风险进行分类分级，定期评估，实施动态管理和调整；三要管控落实到位，采取的重点防控措施要具有针对性，结合2019进江海轮安全管理、中小型船舶突出违法行为整治，违法行为查处要突出重点和典型，做到"抓一个，查一批"，彻底解决顽固风险和隐患。

（3）扬州海事局精准管控嘶马湾航段通航安全风险

长江扬州嘶马湾航段具有"航道弯窄、水流急险、船舶密集"的特点，历来是长江水上安全监管的重要水域。近年来，扬州海事局主动作为，认真开展安全风险研判，落实隐患排查治理，2021年8月以来，嘶马湾航段水上安全形势持续稳定。

一是精准制定通航安全管控措施。2021年8月，在扬州海事局的参与下，江苏海事局正式研究制定了通航安全管控措施，明确了大型海轮驶入嘶马湾航段等水域后应遵守的控距控速、备锚了头要求，禁止船舶、船队在长江#92浮至长江#90浮水域违规掉头、横越等不安全行为，禁止船舶、船队在长江#92红浮至长江#90红浮联线外侧水域（镇江危险品锚地除外）锚泊等不安全行为。

二是精准管控大型海轮航行秩序。"嘶马塔台"通过全年365天监控值守，运用CCTV、AIS、信息化平台等手段有效核查海轮会遇、控速等情况。海巡艇强化巡航驻守，船舶高峰期不间断发布航行安全信息。系留无人机在嘶马湾航段不间断悬停驻守，实现了大型海轮排队依次有序通过嘶马湾航段，受到了引航站等单位多方赞誉。

三是精准管控内河船舶航行行为。依托"智汇江海"水上"大交管"系统及"e路扬帆"系统电子围栏功能，设定报警规则，划定报警区域，精准预警内河船舶落弯、低速及过分贪边航行、违规掉头、横越等异常行为，"嘶马塔台"值班员提前介入，实现了内河船舶航行违章智能识别预警。

四是精准管控锚泊秩序。组织开展锚泊秩序专项整治，建立起"嘶马塔台＋海巡艇＋无人机"立体巡查模式，推动抛设临停区定位浮，发布临停区锚泊指南，引入线上锚泊申请机制，实现分区分类管理，"扬州临停1"监管与服务模式实现3.0新跨越，被江苏海事局评选为百日行动"十大典型案例"。加强扬泰交界水域临时停泊区及镇江危险品锚地的联动管理，开展联合执法，实现了船舶锚泊有序管理。

（4）江阴海事局多措并举加强船载散装液体危险货物安全监管

为切实做好船载散装液体危险货物安全监管，江阴海事局根据上级指示要求，全面加强船舶载运散装液体危险货物安全监管。

一是督促企业落实主体责任，强化风险管控。据初步调查，该船舶系生活区起火，汽油舱未起火。江阴长山海事处在向辖区载运散装液体危险货物的航运公司和散装液体装卸码头通报事故情况的同时，要求辖区各相关单位举一反三，开展自查，重点排查生活区用电、用火安全以及生产作业各环节风险隐患，尤其是厨房液化气罐排查，制定整改措施。强化各航运公司及码头企业岸基监控和对船舶运行的指导，从源头上做好散装液体危险货物运输安全生产。重点关注辖区"智能危管2.0"模块中高风险船舶管理，严厉打击管理水平低下、船舶技术状况不良的内河散装油类和散装液体化学品运输企业。

二是加强现场作业安全监管，强化违章查处。按照江苏海事局关于创建船载危险货物安全监管"江苏模式"的意见，强化船舶载运散装液体危险货物的安全监管，完善双重预防体系，强化风险管控和隐患排查治理。强化作业现场安全检查和现场监督，加大违法行为打击力度，对船舶检验情况和船舶技术状况、船公司安全管理、船员履职能力等存在严重问题船舶，严格按规定对存在严重缺陷船舶采取滞留措施，对非法过驳、盗取货物、谎报瞒报、非法清洗舱等违法行为，从重予以处罚，并根据相关管理规定，对相关失信主体纳入黄黑名单予以失信惩戒。

三是加强码头（货主）选船机制，提升船舶本质安全。江阴长山海事处将以案示警进一步加强选船机制的宣传引导工作，指导督促危化品货主（码头）选用船舶安全技术条件好、管理规范的船舶承运货物，充分依靠市场调节的力量促进危化品水路运输行业优胜劣汰，同时严格落实船舶不良行为的报送制度。在现场执法过程中对发现的被列入不良行为联合惩戒名单中的不良行为要坚决依法查处，并定期上报汇总，确保存在不良行为的船舶被辖区危化品货主（码头）所抵制，形成优胜劣汰的市场氛围。

## 3.5 浙江海事局风险管控

（1）开展水上危化品运输专项整治行动

为深入贯彻交通运输部《关于全面加强危险化学品运输安全生产工作的意见》要求，切实防范水上危化品运输重特大事故发生，浙江海事局于2020年6月16日至9月30日，组织开展了为期百日的水上危化品运输专项整治行动。

一是注重过程管控，强化危化品运输全链条安全监管。严格船载危化品申报管理和危化品重点船舶进出港、靠离泊等重点环节的动态安全管控，共组织进出港护航131艘次；加强船舶安全检查与现场监督，对标识为必检、应检的化学品运输船舶一律实施安全检查，共实施安检398艘次，滞留低标准船舶32艘次。

二是加强源头治理，实施危化品运输企业网格化监管。建立企业基本信息台账，督促企业严格落实安全生产主体责任，全面开展风险管控与安全隐患排查治理，对辖区207家危化品水路运输企业实施监督检查全覆盖，不断提升企业本质安全水平。

三是强化刚性执法，保持高压监管态势。从严查处危化品船舶瞒报、谎报、非法作业以及船舶进出港不报告、船员无证等违法行为，并依法对8家不符合安全与防污染要求的危化品码头经营企业采取停业整顿惩戒措施。实施船载危险货物申报员和集装箱装箱现场检查员"两员"诚信记分356分，暂停"两员"履职资格12人次。

四是坚持综合治理，形成协同监管合力。与省交通运输厅联合印发《浙江省危险货物水路运输安全整治任务清单》，紧紧围绕与危险货物水路运输紧密相关的船舶、航道、港口、人员、公司等要素，明确责任部门与人员、整治措施与实现途径，以完成时限与工作要求，强化信息互通与执法互助，形成整治合力。

五是加强科技支撑，提升海事安全监管信息化水平。在进出港申报（报告）、航行动态监控、作业管控、现场综合执法等方面，充分发挥大数据监管优势，有效查知危险品船舶的不安全状态、不安全行为，提升海事执法精准化水平。按照"全覆盖、全管控、全智能"要求，加快推进浙江省海上智控平台建设，打通与地方政府数据共享通道，实现危化品船舶全过程各环节的智能管控。

六是强化底线思维，加快推动危化品应急能力建设。认真组织开展辖区水上危化品应急能力评估，不断提升危化品应急处置能力；高频次组织开展宁波舟山港鱼山石化基地化学品污染、危险品专渡LNG泄漏、杭州湾溢油等应急演习，深入推动危化品应急能力建设。

（2）开展内河船舶非法从事海上运输专项整治行动

为严厉打击内河船舶非法从事海上运输，浙江海事局按照"力堵两头、严管中间"的整治路径，系统部署六个方面共十九项举措，全面推进2022年内河船舶非法从事海上运输专项整治行动。

一是加大海上拦截打击力度。浙江北部和南部水域分别部署设置11条海上拦截线和15处伏击点,在浙江中部水域协同部署5条海上拦截线和2处伏击点,强化开展跨部门、跨区域联合巡航执法、船舶值班值守点验等工作,充分发挥现场、远程、投诉举报等各项监管资源优势,有效构建多层次防线,坚决杜绝"应发现未发现、应拦截未拦截"情况的发生。

二是强化浮吊船、二程船等重点船舶动态管控。全面排查跟踪辖区浮吊船、二程船等重点船舶信息,探索建立清单化管理、船舶进出港作业报备等动态管理机制,针对性加大进出港报告、AIS信息远程核查和现场监督检查力度,对存在严重违章行为和多次参与非法过驳作业的船舶,依法加大对船舶及其所属航运公司、实际控制人和船员责任的追究处置。

三是推动地方政府牵头实施综合治理。推动地方政府统筹协调公安、海警、交通、自然资源、市场监督、住建等部门建立海砂非法运输、装卸、联合执法机制,持续推动非法砂石码头宕口清理,防范非法海砂进入市场,严禁本地居民参与非法海砂运输,并尝试借助扫黑除恶等有力机制平台大力推进"行刑衔接",拓宽多方综合治理格局。

四是督促源头加大监管力度。查获涉海运输内河船后,及时将有关违法信息通报船籍地、砂源地,推动船籍地交通主管机关及当地政府加强行业管理和属地管理,协同砂源地海事、海警部门加大船舶盗采盗运海砂打击力度。

五是加大违法船舶惩处力度。根据《中华人民共和国海上交通安全法》等法律法规统一制定规范性指导文件,在行政处罚、行政强制、违法行为纠正、内河船联合遣返等方面,一律依法实施最严厉惩处要求,同时探索建立信用管理工作机制,提高违法船舶办理保险、抵押贷款等金融产品成本。

六是广泛开展宣传报道。充分结合典型案例"双进"等工作,拓宽新闻媒体宣传渠道,加强内河船涉海运输危害性宣传,加大浮吊船等典型案例曝光力度,督促航运企业依法依规落实所属船舶管理责任,引导船员拒绝从事非法海上运输作业,广泛营造全行业共同参与的良好社会氛围。

(3)宁波海事局推进安全监管标准化

近年来,宁波海事局坚持问题导向,制度性探索水上安全监管新路径,以工作的确定性应对安全风险的不确定性,形成的试点效应、系统治理效应和辐射效应让宁波沿海"路清船畅"的通航格局持续深化。

一是大胆改革水上"大交管"运行机制,形成试点效应。近年来,宁波海事局积极开展基层单位全要素水上"大交管"试点,践行打造应急处置及指挥协调"五中心一窗口"(海上交通组织中心、突发事件应急处置中心、综合执法协调中心、信息处理中心、分析研判和辅助决策中心及新时期海事形象展示窗口），推动指挥中心、交管中心从人员、事权、指挥、感知及科技保障等多方面融合，进一步强化其对内对外指挥协调中枢作用的发挥。在此基础上，创新构建"VTS+海巡艇"动态联动执法机制，解决"大脑"VTS没有抓手，而现场"拳头"海巡艇日常出击针对性、精准度不高等问题，形成水上现场监管"一中心、多内核、无盲区"的特色标准化监管格局。

二是立足本质安全发挥优势，形成商渔船"各行其道"的辐射效应。宁波海事局严格落实浙江沿海主要公共航路调整有关要求，以"减少交会"为理念，重塑再造核心港区、甬江、象山沿海通航秩序格局。特别是将象山通航水域划分为"高速公路""国道""乡道"，推动商船与渔船"物理分开"，并加大检查及联合整治力度，让商渔船"各行其道"。针对辖区团雾"多突发、浓度大、影响面广"特点，宁波海事局积极抢抓窗口期开展"分段引航"，破解传统雾季主航道关闭后船舶不能进港的困局。针对商渔船会让频繁的辖区特点，宁波海事局还全国首创"港口国—船旗国商渔安全信息传递机制"，将宁波沿海商渔安全信息传递至全球十余个主要船旗国旗下23000余艘外国籍商船；全国首创"商船安全自律联盟"，覆盖16家全球最大航运公司和本地龙头企业。在第二届联合国全球可持续交通大会期间，这一特色商渔治理体系作为示范经验纳入我国与"一带一路"沿线国家的海事合作备忘录。

三是凝聚资源创新综合运用，形成标本兼治的系统治理效应。宁波海事局系统性提出"消违治本两块牌子"创建工作思路，探索创建"无长期违章船舶辖区"和"无长期违章辖区"，综合运用执法、科技、行政、司法、综治"五维治理"模式，使存在20余年的历史顽疾基本消除，该模式入选交通运输部"平安交通"创新案例"优秀案例"，并在全国推广；借助属地"平安考核"平台，引导形成涉水安全隐患属地化整治"46911"机制；借应急管理机构改革之机，推动建立海上安全事故预防工作联席会议制度，使属地安全管理责任的落实又添重要抓手，也让一系列监管难点问题得以解决。

（4）台州海事局加强风险隐患防治

台州海事局认真对照上级工作要求，聚焦"遏重大、降较大、减总量"目标，从"强部署、建清单、严执法、优举措、促共治"五个方面全方位强化重点领域风险隐患防治力度。

一是强部署。4次召开专题会，部署水上交通安全专项整治三年行动巩固提升年暨深化水上交通"遏重大"行动、涉海涉渔领域"春雷行动"等，全面分析监管薄弱环节和水上突出风险隐患，突出可操作性、针对性，印发实施方案。同时，注重行动复盘评估和督察，定期分析行动成效和问题，改进举措，确保各项部署高质量落实落地。

二是建清单。全面排查客、桥、危、渔、砂隐患，制定局处两级问题隐患和制度措施"两张清单"，纳单治理14项隐患。制定风险"五个清单"，对海砂运输船、老旧客渡船、商渔船碰撞等5项突出风险，逐一制定风险防范、应急处置等措施，实施清单化管控。强化平安考核、重大安全隐患挂牌督办、属地安全生产目标责任制考核机制应用，推动将"三无"船、非法码头宕口等5项涉海隐患纳入市级层面综合治理。

三是严执法。统筹现场和远程执法力量，2次开展"战狼"专项行动，坚持"常态监管+集中打击"结合和"线上+线下"联动，实施远程盯防、流动执法、错时执法、突击执法、重点部位蹲守等针对性措施，提升商渔船防碰撞、海砂运输领域等监管质效。

四是优举措。突出源头治理、系统治理，针对性强化到港重点船舶检查力度，联合港航、海警等部门实施海砂运输全链条严管严治；固化"商渔共治"经验，落实航路秩序动态管控和问题通报机制，推动渔船本质安全、VHF值守、违规使用AIS、碍航作业等关键问题解决取得突破；加快推进台州市出台"三无"船舶联合认定实施办法。

五是促共治。定期联席会商解决企业主体责任不落实、"三无"船舶界定取缔难、渔港水域外渔业船舶违法处置难、码头泊位安全适靠不规范等难点问题。主动对接台州市安全生产"四化"（集约化、标准化、数字化、网格化）建设工作部署，制定涉海涉渔领域安全生产检查标准手册，推动将涉海领域安全隐患排治事项纳入地方政府网格员检查事项清单。

## 3.6 上海海事局风险管控

（1）防范水上交通安全风险

一是全面辨识风险。对辖区重点监管对象、重点时段、重点水域及关键环节和监督管理等方面存在的安全风险进行全面辨识，摸清辖区水上交通安全监管工作中存在的可能导致险情事故发生的风险源，建立危险源数据库并持续更新完善。结合辖区已经发生的水上交通事故和险情，在"平安交通百日行动"期间对已经辨识的危险源再次进行梳理和排摸。进一步完善辖区安全风险辨识方法和程序，按要求及时将梳理和排摸数据上报上海海事局以完善水上交通安全风险分级管控和隐患排查治理双重预防体系。

二是确定风险等级。对辨识出来的危险源进行梳理评估，综合考虑起因物、引起事故的诱导性原因、致害物、伤害方式等，按照危险程度及可能造成后果的严重性，将安全风险等级从高到低划分为重大风险、较大风险、一般风险和较小风险4个等级。

三是有效管控风险。针对风险的致险因素和可能造成的危害制定细化管控措施，确定风险管控的方法和手段，明确责任部门和责任人，并按要求建立动态监测、评估、管控机制，严格落实风险分类分级管控制度，将风险控制在可接受的范围内。按要求将制定的管控措施报相关业务处室进行复审和评估，确保管控措施的科学性和有效性。

四是突出风险管控重点。突出水上水下活动重点环节安全管理；突出船载危险货物运输，港口危货作业，船舶技术状态，以及船员的适任状况监管；突出洪涝、强降雨、台风、高温等极端天气和能见度不良的安全监管以及客运站等重点部位等安全监管；突出非法从事水上交通运输生产经营作业、内河船涉海运输等行为管控。

（2）排查治理水上交通安全隐患

一是深入排查隐患。结合中小型船舶专项整治等专项行动开展，依托现场综合执法、联合检查、专项排查、抽查暗访、群众举报及事故案例分析、危险源成因分析等方式与途径，滚动式排查辖区水上交通安全隐患。督促辖区航运企业建立隐患排查工作机制，开展一次全面的隐患自查自纠，并建立隐患清单。

二是强化隐患整改。对排查出的安全隐患，能立即整改的要立即整改，不能立即整改的，督促相关责任单位逐项落实责任、措施、资金、时限、预案"五到位"的治理要求，并落实专人跟踪隐患整改工作，确保排查的隐患逐项整改到位。对长期存在、重复发生的事故隐患，需要纳入危险源的管理，有针对性制定管控措施，确保查明的每一起事故隐患的销号。

（3）强化水上交通安全责任

督促航运企业切实承担"平安交通百日行动"安全生产主体责任。通过开展航运公司体系审核、航运公司日常走访和安全约谈，督促辖区航运企业按要求组织开展"平安交通百日行动"，积极开展风险管控和隐患排查治理，并保证必要的人、财、物投入,坚决杜绝违法违规行为。

(4)狠抓重点工作落实

一是开展专项整治。统筹开展中小型船舶安全管理专项整治、黄浦江水域通航安全大整治、国内航行船舶进出港报告专项整治等专项行动,以整治内河船舶非法从事海上砂石运输、船舶管理公司代而不管、国内航行船舶进出港不报告为重点开展水上交通安全专项治理。

二是强化重点时段安全保障。严格执行中国国际进口博览会期间的水上交通管控和应急保障工作方案的总体要求和相关工作部署,认真落实方案中各项工作任务,坚持高规格、高标准、高要求,为博览会营造良好的水上交通安全环境。重视防汛防台、十一黄金周等重点时段的安全保障,确保辖区水上交通安全形势稳定。

# 第 4 章
# 海事综合风险管控流程设计

海事

在充分借鉴综合安全评估法（FSA）与PDCA循环管理法的基础上，进行海事综合风险管控全生命周期的流程设计，即海事综合风险管控按照"风险辨识—风险评估—风险防控—评价与监督"四个步骤开展，如图4.1所示。

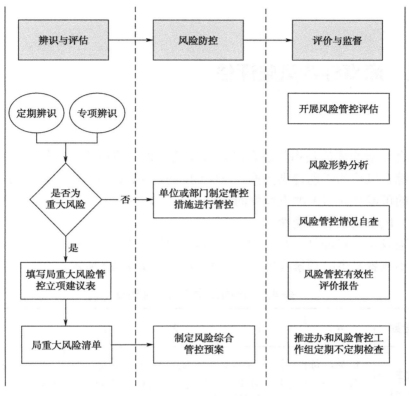

图4.1　海事综合风险管控流程

## 4.1　海事综合风险辨识

作为综合风险管控的首个环节，风险辨识的范围应覆盖水上安全监管、海事员工履职、单位内部安全运行等全领域。开展综合风险辨识，有利于海事风险管控机构及时发现各类风险因素，减少风险事件的发生。

风险辨识通过定期和专项两种途径进行。其中定期辨识是通过统计一段时期风险事件、行业典型案例、专项整治活动以及可预见的潜在风险进行全面辨识，每年至少进行一次；专项辨识是指当内外部形势发生变化或重大负面影响事件发生后业务主管部门针对某项风险开展的专项辨识。

## 4.2 海事综合风险评估

综合风险的评估是指将综合风险辨识的结果按照风险评估标准进行评估，为确定综合风险的级别提供依据。风险的大小以风险度体现：风险度是风险事件发生的可能性和后果严重程度的乘积。

（1）风险发生的可能性

风险发生的可能性（$L$）是指在当前的风险管控水平下，风险事件发生的概率大小或者发生的频繁程度，分为4个级别，如表4.1所示。

表4.1 风险发生的可能性确立

| 等级分数 | 4 | 3 | 2 | 1 | 0.5 |
|---|---|---|---|---|---|
| 可能性（发生频率） | 极易，每月发生一次以上（含） | 易，每半年会发生一次以上（含） | 可能，每年会发生一次以上（含） | 不大可能，每年会发生一次以下 | 采取防控措施后，可能性可降为的最低值 |

（2）风险后果严重程度

风险后果严重程度（$C$）是指该风险事件发生会对单位、社会所产生影响的大小，分为四个级别。风险事件发生对单位、社会造成的影响体现在其中的一个或几个方面，评价时可选择合适的方面作为参考。如安全监管风险主要是从经济损失、环境污染、社会影响、应急险情等维度进行评价。同一等级的不同后果之间为"或"关系，即满足条件之一即认定。人员责任界定涉及多个层级的，采取就高原则。

（3）判断风险度

根据风险判别准则，确定其风险度（$D$）的大小，风险度判断表如表4.2所示。风险评估的结果可分为两个等级：

重大风险（$D \geqslant 4$），一般风险（$D < 4$）。

表4.2　风险度判断表

| 可能性（$L$） | 风险度（$D$） | | | |
| --- | --- | --- | --- | --- |
| | $C=1$ | $C=2$ | $C=3$ | $C=4$ |
| 0.5 | 0.5 | 1 | 1.5 | 2 |
| 1 | 1 | 2 | 3 | 4 |
| 2 | 2 | 4 | 6 | 8 |
| 3 | 3 | 6 | 9 | 12 |
| 4 | 4 | 8 | 12 | 16 |

注：$C$为后果严重程度。

## 4.3　海事综合风险防控

遵循分级管控原则，风险评估之后被判定为重大风险的，需要由单位牵头制定重大风险综合管控预案。预案须包含风险辨识评估、风险分析和风险防控措施等主要内容，每条防控措施须指定执行单位或部门和指导部门。针对一般风险，由存在该风险的部门制定管控措施进行管控。必要时，可在存在该风险的单位或部门进一步细化分级，不同风险等级控制措施见表4.3。

综合风险防控措施的制定应围绕降低风险事件发生的可能性和后果严重程度两个方面开展，既应继承传统经验，还应探索创新防控手段，并经逐步完善形成长效机制。

表4.3　不同风险等级控制措施

| 等级 | 应采取的行动/控制措施 |
| --- | --- |
| 重大风险 | 制定风险综合管控预案降低风险并组织实施，定期检查、评估、改进 |
| 一般风险 | 部门制定管控措施，实施管控 |

## 4.4 海事综合风险评价与监督

单位每季度定期或视风险形势变化不定期组织开展综合风险管控工作评估，从风险辨识的覆盖性、管控措施的有效性和监督落实情况等方面对风险管控工作进行分析评价，对综合风险管控过程中出现的问题与不足及时进行更新和调整，确保整个机制得到动态更新完善。

在风险防控评估过程中，尤其要关注到以下五个方面的问题：一是综合风险管控体系运行过程中发现的缺陷、不足；二是局内、系统内发生的重大负面事件；三是上级对风险管控工作中的重要部署、举措；四是针对系统内普遍存在的典型风险所开展的综合、专项整治活动；五是局内、系统内在上级督查、巡视巡查过程中发现的有负面影响的问题。

各部门要建立由核心领导负责的风险管控工作机制，统筹处理好自身职责领域内存在的各项风险，做好各项风险管控工作的台账记录工作。同时，为保障综合风险管控机制得到有效落实，单位要对重大风险管控预案的执行情况和各部门综合风险管控工作的开展情况进行定期或不定期的监督检查。

# 第 5 章
# 天津海事局海事综合风险管控实践

海事

## 5.1 综合风险管控工作总体要求

### 5.1.1 指导思想

牢牢把握防范化解风险、强化风险防控机制建设的总体要求，坚持问题与结果导向，强化过程控制与目标绩效考核，以管控手段改进、管控经验积累、管控效果提升为指引，积极探索风险防控理念在海事工作中的应用路径，全面规范风险辨识、评估与防控各项工作，重点防范化解海事局重大风险，为实现建设海事系统一流强局目标提供坚实保障。

### 5.1.2 基本原则

① **整体推进**。综合风险管控应作为全局的系统性工程，分阶段、分步骤统筹开展风险辨识、评估、防控及监督管理等各项工作，按照"领导层重视、全部门（单位）覆盖、全岗位参与"的要求，全局上下联动，形成合力，与常态化工作有机结合，确保综合风险管控有序运转。

② **分级管控**。按照风险发生的概率和后果严重程度，将风险分为重大风险和一般风险两个层级进行管控。重大风险须由局制定重大风险综合管控预案，进行管控；一般风险由存在该风险的单位或部门进行管控。

③ **属地负责**。局属各单位、机关各部门按照属地负责原则，负责本单位或部门存在的各项风险的辨识、评估、防控工作。根据风险业务属性，机关各部门依据职责分工，作为相关业务属性风险的主管部门，负责指导、监督存在所属风险的单位和部门的风险管控工作。

④ **持续提升**。按照"及时更新、动态调整"的要求，定期对本单位发生的负面事件进行辨识、评估，针对重大风险综合管控预案中的防控措施及时进行修订更新，对于综合风险管控过程中出现的新变化与暴露的新问题，要做到及时调整，确保风险管控机制持续优化完善。

## 5.2 综合风险管控组织机构设置

为推动综合风险管控工作能够得到有效落实，天津海事局组建了由"领导层—推进层—执行层"三个层级构成的综合风险管控机构，各层级上下联动，协同配合，为整个综合风险管控机制的良好运行提供了坚实的组织保障。

### 5.2.1 领导层

天津海事局防范化解重大风险工作领导小组（以下简称"领导小组"）全面负责局重大风险管控工作的组织领导，统筹协调、全面督导全局风险管控工作。

### 5.2.2 推进层

领导小组设推进办公室（以下简称"推进办"）。推进办设在局办公室，负责组织全局开展重大风险管控工作，协助局领导督促检查局重大风险管控工作开展情况。

### 5.2.3 执行层

领导小组下设安全监管、履职责任、内部安全等风险管控工作组（以下简称"工作组"），负责各自领域风险管控工作。各工作组设牵头部门，负责组织、协调、监督、评估本组范围内各项风险的管控工作开展情况。

## 5.3 综合风险管控工作推进概况

天津海事局自2018年启动综合风险管控工作以来，得到了领导的高度重视和局内各单位、部门的大力支持，形成了包括组织架构模式、风险辨识方法、风险评估标准、分级防控方法、评价改进模式等一整套风险管控方法,全局综合风险管控工作取得了良好成效。

## 5.3.1 出台综合风险管控指导性文件

经广泛征求意见、多轮修改完善后,天津海事局于2019年12月印发了《天津海事局综合风险管控工作管理办法》,从分类分级、辨识与评估、风险防控、评级与监督管理等几方面对综合风险管理工作进行了详细规定,成为指导全局综合风险管控工作开展的具体抓手。2020年是《天津海事局综合风险管控工作管理办法》及预案运行的第一年,为保证办法及预案能够得到有效落实,切实对局重大风险实施有效管控,天津海事局在整合完善前期成果基础上制定了《天津海事局重大风险管控工作手册(2020版)》,并于2020年3月份印发了《天津海事局2020年综合风险管控工作安排》,从提高思想认识、严格执行预案、成立研究小组、开展评估分析、定期汇报交流等五个方面对全年的综合风险管控工作进行统筹安排,确保相关工作能够有序运行。

## 5.3.2 制定海事综合风险管控预案

在完成重大风险管控立项工作后,天津海事局启动了综合风险管控预案制定工作,并提出预案制定要满足以下4点要求:

① 风险综合管控预案制定工作由各风险主管部门负责,风险管控工作组牵头部门负责组织、协调,其他相关部门和单位协同配合。

② 局重大风险综合管控预案须包含风险辨识评估、风险分析和风险防控措施等主要内容,每条防控措施须指定执行单位或部门和指导部门。

③ 预案措施中标明的执行单位或部门要根据风险管控预案要求,扎实做好各项局重大风险的防控工作。必要时,结合辖区实际情况细化实施方案,落实各项风险防控措施,措施执行落实到岗到人,实施方案报风险主管部门认可备案后实施。

④ 重大风险综合管控预案应根据风险评估结果及风险防控效果动态调整,订立和调整要经过风险管控工作组、推进办会签和风险主管部门的分管局领导审批后发布实施。

根据以上要求,全局相关风险主管部门共制定出30余项重大风险管控预案。

# 第 6 章
# 天津海事局综合风险管控预案

海事

天власти事故思融合风险评估方案

## 6.1 安全监管风险综合管控预案

安全监管风险综合管控预案共包括涉客船舶事故风险综合管控预案、水路危险货物运输风险综合管控预案、船舶碰撞桥梁风险综合管控预案、内河船涉海运输事故风险综合管控预案、极端自然灾害风险综合管控预案、超大型油轮事故溢油风险综合管控预案6个预案。

### 6.1.1 涉客船舶事故风险综合管控预案

#### 6.1.1.1 风险辨识

（1）辨识过程

通过综合南疆海事局、东疆海事局、海河海事局辨识的风险，并依据《交通运输部安全委员会关于加强交通运输领域安全生产重大风险防控的通知》（交安委〔2019〕5号）和《交通运输部安委会关于近期涉客船舶水上交通事故警示通报》（交安委明电〔2019〕11号）的要求，经综合辨识，确认"涉客船舶事故风险"是一项安全监管类风险。

（2）风险名称

涉客船舶事故风险。

（3）风险描述

辖区营运的邮轮、普通客船、旅游船、渡船、载运海上平台工业人员船舶等涉客类船舶存在碰撞、搁浅、火灾等事故风险，产生较大社会影响。且一旦发生事故，由于涉客船舶上人员密集，事故救援难度大。

（4）风险分类

安全监管类。

（5）风险存在范围

南疆海事局、东疆海事局、海河海事局。

#### 6.1.1.2 风险评估

（1）风险评估表

涉客船舶事故风险评估表如表6.1所示。

### 表6.1 涉客船舶事故风险评估表

评估单位、部门：船舶监督处　　　　　　　　　　评估日期：2019年9月

| 风险名称 | 涉客船舶事故风险 |
|---|---|
| 风险描述 | 辖区营运的邮轮、普通客船、旅游船、渡船、载运海上平台工业人员船舶等涉客类船舶存在碰撞、搁浅、火灾等事故风险，产生较大社会影响。且一旦发生事故，由于涉客船舶上人员密集，事故救援难度大 |
| 分类（五类） | 安全监管类 |
| 风险存在范围 | 南疆海事局、东疆海事局、海河海事局 |
| 风险事件可能发生位置或岗位 | 天津海事局辖区海上油田和石油平台；东疆国际邮轮母港，北塘、汉沽旅游船；海河辖区渡船、旅游船 |
| 可能发生的风险事件 | ① 邮轮和大型普通客船容易发生碰撞、搁浅、火灾、疫情或传染性疾病、群体事件等事故风险。<br>② 小型客船和旅游船容易发生碰撞、火灾、人落水、浪损、风灾等事故风险。<br>③ 渡船容易发生碰撞、火灾、人落水、风灾等事故风险。<br>④ 载运海上平台工业人员船舶容易发生碰撞、火灾、人落水、风灾等事故风险 |

| 可能性（$L$） ||||||
|---|---|---|---|---|---|
| 极易(4) | 易(3) | 可能(2) | 不大可能(1) | \multicolumn{2}{c}{2} ||

| 后果严重程度（$C$） ||||||
|---|---|---|---|---|---|
| 特别严重(4) | 严重(3) | 较严重(2) | 不严重(1) | 4 ||

| 风险度（$D=LC$） ||||
|---|---|---|---|
| 重大($D \geq 4$) | 一般($D<4$) | 8 ||

（2）确定风险等级

根据评估结果，经2019年7月18日局防范化解重大风险工作领导小组会审议和2019年8月22日局党组会审定，确定"涉客船舶事故风险"为局重大风险。

#### 6.1.1.3 风险分析

（1）危害性分析（从各种风险事件发生后可能引发的后果进行分析）

人民生命安全一直是水上安全监管的重中之重。天津海事局辖区内涉客船舶主要有大型邮轮、大型客船（客滚船）、小型旅游船、渡船和载运海上平台工业人员的船舶等。客运船舶在辖区内可能发生碰撞、搁浅、火灾，由于客运船舶一般人员数量较多，救援难度较大，容易造成事故发生，产生重大社会影响。大型客运船舶上人员密集，易发生疫情或传染性疾病、人员落水等事故。

（2）致险因素分析（从人、设施设备、环境、管理等方面进行全面分析）

邮轮和大型客船（客滚船）大部分来自国外，对天津辖区通航环境不熟悉，且船型较大，进出港期间操纵不灵活，容易发生碰撞、搁浅等事故；邮轮和大型客船（客滚船）上人员众多，电器等设备设施的不当使用、旅客使用明火等容易造成火灾风险，引发火灾事故；大型邮轮来自不同地区和国家，采购的食品等可能存在变质风险，容易引发疫情或传染性疾病，可能造成群体性事件的风险。

辖区小型旅游船舶和渡船的船员文化程度偏低，船舶的设备性能较差，航行水域通航环境差，虽然对通航环境熟悉，但安全管理方面较差，容易在船舶操作过程中发生碰撞、搁浅等事故；小型旅游船舶和渡船在营运中管理不到位，收集气象信息不及时，造成人员落水的可能性较大，小型旅游船舶和渡船船型较小，遇到大风浪情况时容易发生沉没、浪损等事故。

载运海上平台工业人员的船舶，航行区域的通航条件复杂，容易发生碰撞事故；船上乘客数量较多，使用电器设备或明火时，容易引发火灾事故；船上乘客不熟悉船舶环境，在船上行动容易造成人员落水事故；海上油田距离陆地较远，遇到突发大风天气，船舶容易造成风灾事故。

（3）相关指导性文件

①《中华人民共和国海事局关于加强客船船员应急演习演练的通知》（海船员〔2012〕130号）。

②《交通安全质量管理体系审核中心关于加强客轮公司安全管理体系审核的通知》（2012年1月18日）。

③《中华人民共和国海事局关于"石咀客渡035"轮等四起事故情况的通报》（海事明电〔2012〕3号）。

④《中华人民共和国海事局关于一起重大客船事故的紧急通报》（海明电〔2012〕8号）。

⑤《中华人民共和国海事局关于进一步加强客渡船舶安全监管的通知》（海安全〔2012〕477号）。

⑥《中华人民共和国海事局关于加强非客船承载船员以外人员安全管理的通知》（海船舶〔2012〕685号）。

⑦《交通运输部关于近期几起客渡船事故情况的通报》（交海明电〔2013〕8号）。

⑧《中华人民共和国海事局关于客滚船"宝岛9"轮与"双泰9"轮碰撞事故情况的通报》（海事明电〔2013〕4号）。

⑨《交通运输部海事局关于加强客滚船公司安全管理体系审核工作的通知》（海安全〔2014〕382号）。

⑩《交通运输部关于加强水上客运安全管理的意见》（交海发〔2014〕142号）。

⑪《交通运输部海事局关于严禁游艇非法从事营运性载客运输的通知》（海安全〔2015〕763号）。

⑫《交通运输部办公厅关于印发落实〈"东方之星"号客轮翻沉事件调查报告〉有关防范和整改措施建议任务分工的通知》（交办安监〔2016〕18号）。

⑬《中华人民共和国海事局关于海上客运船舶恶劣天气限制开航的通告》（2016年1号）。

⑭《交通运输部海事局关于进一步加强暑期水上客运安全监管的通知》（海事明电〔2016〕7号）。

⑮《天津市政府口岸服务办公室关于加快国际客运船舶进出境协调会会议纪要》（2016年11月24日）。

⑯《交通运输部海事局关于进一步加强春运期间客运安全管理的紧急通知》（2017年1月30日）。

⑰《交通运输部办公厅关于印发〈水上客运重大事故隐患判定指南（暂行）〉的通知》（交办海〔2017〕170号）。

⑱《交通运输部办公厅关于进一步加强中韩客货班轮运输安全管理的通知》（交办水函〔2017〕1837号）。

⑲《交通运输部安委会关于近期涉客船舶水上交通事故警示通报》（交安委明电〔2019〕11号）。

#### 6.1.1.4　风险防控措施

涉客船舶事故风险防控措施如表6.2所示。

表6.2 涉客船舶事故风险防控措施

| 措施分类 | | 降低风险可能性的防控措施 | 指导部门 | 执行单位/部门 |
|---|---|---|---|---|
| 综合措施 | 提高站位,强化担当 | 提高站位,坚持以关于安全生产重要指示批示精神为根本遵循,牢固树立安全发展理念。严格落实"管行业必须管安全、管业务必须管安全、管生产经营必须管安全"的要求 | 船舶监督处 | 南疆、海河、东疆海事局 |
| | | 加强组织领导,成立专门的领导机构。各单位根据实际情况确定主要负责的领导,指定负责的部门 | 船舶监督处 | 南疆、海河、东疆海事局 |
| | | 明确责任分工,做到逐级落实。各项工作任务分工责任到人,做到分工明确,逐级落实 | 船舶监督处 | 南疆、海河、东疆海事局 |
| | | 建立相应的工作机制,制定具体的实施方案 | 船舶监督处 | 南疆、海河、东疆海事局 |
| | 抓牢源头管理,强化企业主体责任 | 梳理辖区涉客船舶特点,掌握本单位涉客船舶和相关营运企业的详细情况,建立相应的工作档案。船舶要求"一船一档",内容要包括相应的船舶证书文书、船上人员、联系方式等;企业要掌握办公地址、联系方式、责任人等 | 船舶监督处 | 南疆、海河、东疆海事局 |
| | | 严格落实安全管理体系审核、公司现场检查等要求,适当增加对管理范围内的涉客船舶及所属公司的现场检查频次,定期核实公司落实情况,突出岸基支持、应急演习演练、船员培训、气象接收和预警、安全检查制度等方面,督促公司及船舶有效运行安全管理体系或制度 | 安全管理处 | 南疆、海河、东疆海事局 |
| | | 采取有效的处罚或惩戒措施。结合诚信管理等手段,对涉客船舶营运公司在发生违法违章等问题时,采取严格的处罚或惩戒措施 | 法规规范处 | 南疆、海河、东疆海事局 |

续表

| 措施分类 | | 降低风险可能性的防控措施 | 指导部门 | 执行单位/部门 |
|---|---|---|---|---|
| 综合措施 | 强化隐患排查，实施闭环管理 | 学习研究《水上客运重大事故隐患判定指南（暂行）》，围绕船员应急处置实操能力、滚装车辆安全检查、登乘设施安全、旅客应急疏散、船舶安全技术状况、通航和靠泊作业安全、船舶消防设施配备等方面，深入开展安全隐患排查 | 船舶监督处 | 南疆、海河、东疆海事局 |
| | | 分析辖区涉客船舶存在的安全隐患，建立相应的隐患数据库 | 船舶监督处 | 南疆、海河、东疆海事局 |
| | | 研究分析涉客船舶隐患的各类风险点，有针对性地制定防控措施 | 船舶监督处 | 南疆、海河、东疆海事局 |
| | | 对重大隐患实行挂牌、销号闭环管理措施。对采取的工作措施进行研判，降低重大事故风险，实行挂牌、销号闭环管理 | 船舶监督处 | 南疆、海河、东疆海事局 |
| | 强化船舶管控，提高船舶适航性 | 严格审核船舶进出港报告或船舶进出口查验手续，厘清辖区涉客船舶特点，掌握本辖区涉客船舶的营运规律 | 船舶监督处 | 南疆、海河、东疆海事局 |
| | | 强化涉客船舶进出港交通组织，严厉打击涉客船舶随意穿越航道、违反通航规则等情况的发生 | 指挥中心 | 交管中心 |
| | | 严格审核涉客船舶危险品申报，强化监督检查，严厉打击涉客船舶非法载运危险品 | 危管防污处 | 南疆、海河、东疆海事局 |
| | | 加强涉客船舶加装燃料、明火作业等高风险作业的监管，严厉打击不按照规定加装燃油、违章明火作业等危险作业行为 | 危管防污处 | 南疆、海河、东疆海事局 |
| | | 严格开展涉客船舶安全检查，按照部海事局"四类重点船舶"检查指南中客船的检查要点，重点检查涉客船舶安全设备技术状况、安全管理体系、船舶配员、船员在消防、救生、弃船、急救、设备操作等方面的实操能力 | 船舶监督处 | 南疆、海河、东疆海事局 |

续表

| 措施分类 | | 降低风险可能性的防控措施 | 指导部门 | 执行单位/部门 |
|---|---|---|---|---|
| 综合措施 | 强化船舶管控，提高船舶适航性 | 严格开展涉客船舶现场监督，根据涉客船舶实际营运情况，在重要节假日或重要时间节点适当增加执法频次。对中韩客货班轮在加强监管的基础上，认真落实北方片联合检查工作机制，有针对性地开展监督检查；加强涉客船舶开航前检查工作的开展情况，督查涉客船舶自查自纠。对于滚装客船，督查船舶认真开展巡舱检查、车辆（货物）检查、积载和系固等船舶关键性操作，督促船舶对装载车辆的适运性进行检查 | 船舶监督处 | 南疆、海河、东疆海事局 |
| | | 加大涉客船舶违法违章行为的查处力度，对存在严重安全缺陷的客船，坚决采取滞留措施。对于违反有关规定的行为，按照规定进行处罚 | 船舶监督处 法规规范处 | 南疆、海河、东疆海事局 |
| | | 严格开展涉客船舶的船检质量监督，发现船检质量问题及时与船舶检验机构沟通，及时消除设备缺陷 | 船舶检验处 | 南疆、海河、东疆海事局 |
| | | 严格涉客船舶船员的适任能力检查，积极开展船员关键性设备使用测试和应急处置能力的测试 | 船员管理处 | 南疆、海河、东疆海事局 |
| | | 加强航道管控，保持航道畅通，确保航道条件达到维护尺度，禁止在航道内设置渔具或水产养殖设施等危害航道通航安全的行为。加强助航标志的巡检、维护和保养，保障航标效能的发挥 | 通航管理处 | 南疆、海河、东疆海事局、交管中心 |
| | | 加强涉客船舶安全管理体系在船运行情况的检查，督促船员严格执行安全管理体系，切实保障船舶安全营运 | 船舶监督处 | 南疆、海河、东疆海事局 |
| | 坚持综合治理，实现齐抓共管 | 加强水路运输市场准入管理，确保涉客船舶相关的海事审批事项满足法规要求，及时与港航部门沟通有关信息 | 船舶监督处 | 南疆、海河、东疆海事局 |

续表

| 措施分类 | | 降低风险可能性的防控措施 | 指导部门 | 执行单位/部门 |
|---|---|---|---|---|
| 综合措施 | 坚持综合治理，实现齐抓共管 | 强化事中事后监管，发现公司或船舶营运资质、码头营运资质或营运条件等不符合规定时，及时将相关信息报送港航主管部门，推动实现客运船舶相关信息的互通共享 | 通航管理处安全管理处船舶监督处 | 南疆、海河、东疆海事局 |
| | | 加强与船舶检验机构的沟通，及时解决客运船舶检验中存在的问题，消除船舶安全隐患 | 船舶检验处 | 南疆、海河、东疆海事局 |
| | 完善应急处置方案，建立长效机制 | 研究涉客船舶可能存在的事故风险，有针对性地制定应急反应预案，畅通信息沟通渠道，确保在发生事故时能够快速反应 | 指挥中心 | 南疆、海河、东疆海事局 |
| | | 进一步强化应急能力建设，不断完善救生、防污染等应急设备设施，优化社会应急资源，做到出现事故时能够实现快速、有效处置 | 指挥中心 | 南疆、海河、东疆海事局 |
| | | 定期评估涉客船舶措施的落实效果，不断完善相关工作措施，推动形成长效工作机制 | 船舶监督处 | 南疆、海河、东疆海事局 |
| 专项措施 | 对邮轮等大型客船建立专门监管措施 | 邮轮和大型客船应提前掌握船期，充分运用选船机制，结合辖区执法实际，提前选定检查的目标船舶，安排合理的执法力量，保证执法的效果和监督检查力度 | 船舶监督处 | 东疆海事局 |
| | | 掌握邮轮、大型客船进出港动态，强化邮轮和大型客船进出港期间的船位监控，提前发布预警信息等 | 指挥中心 | 交管中心 |
| | | 检查客滚船载运车辆的油料是否符合规定 | 危管防污处 | 东疆海事局 |
| | | 检查邮轮和大型客船夹带危险品情况 | 危管防污处 | 东疆海事局 |

续表

| 措施分类 | | 降低风险可能性的防控措施 | 指导部门 | 执行单位/部门 |
|---|---|---|---|---|
| 专项措施 | 对小型旅游船、渡船建立专门监管措施 | 旅游船、渡船应定期核查进出港报告情况,核实营运频次和人员情况 | 船舶监督处 | 海河、东疆海事局 |
| | | 强化旅游船的动态监控,严格控制旅游船超出航行营运区域 | 指挥中心 | 交管中心、海河、东疆海事局 |
| | | 对旅游船、渡船要加强救生设备、船员操作能力的检查 | 船舶监督处 | 海河、东疆海事局 |
| | | 加强旅游船、渡船载客数量核查,杜绝超额载客情况的发生 | 船舶监督处 | 海河、东疆海事局 |
| | 对载运海上平台工业人员船舶建立专门监管措施 | 严格审查载运海上平台工业人员船舶的载客人数,定期开展乘客数额的核查 | 船舶监督处 | 南疆海事局 |
| | | 检查载运海上平台工业人员船舶载运危险品情况 | 危管防污处 | 南疆海事局 |
| | | 对载运海上平台工业人员的船舶,加强乘客安全教育、乘客应急反应等方面的检查 | 船舶监督处 | 南疆海事局 |
| | | 加强载运海上平台工业人员船舶的乘客休息区域、安全设施的使用等检查,规范涉客船舶载客行为 | 船舶监督处 | 南疆海事局 |
| 评估结果 | | 风险等级是否已降到可接受的范围 | 是 | √ 否 |

注:1.措施根据不同风险的防控特点分类列明,可按风险事件划分,可按综合(通用)、专项划分,可按事前、事中、事后划分,可按动态、静态划分,也可有其他分类方式。下同。

2.局属各单位、机关各部门根据风险管控预案要求,制定具体实施方案,实施方案报风险主管部门认可备案后实施。下同。

## 6.1.2 水路危险货物运输风险综合管控预案

### 6.1.2.1 风险辨识

(1)辨识过程

组织辖区各分支局依据《交通运输部安全委员会关于加强交通运输领域安

全生产重大风险防控的通知》(交安委〔2019〕5号)要求,对载运危险货物船舶、港口码头、危险货物申报员和集装箱装箱检查员等开展风险源的普查和辨识,并对风险源的基本情况、风险源单位的基本情况、风险源周边环境基本情况、风险源安全管理等信息进行搜集汇总,经综合辨识,确认"水路危险货物运输风险"是一项安全监管类风险。

(2)风险名称

水路危险货物运输风险。

(3)风险描述

危险货物运输船舶在营运过程中,可能会发生火灾、爆炸,严重泄漏(溢油100t及以上、危险化学品泄漏),集装箱运输船舶载运危险货物瞒报漏报,还可能会导致船舶沉没,危及船员生命安全,造成海洋污染。

(4)风险分类

安全监管类。

(5)风险存在范围

新港海事局、北疆海事局、南疆海事局、大沽口海事局、海河海事局、东疆海事局、大港海事局。

#### 6.1.2.2 风险评估

(1)风险评估表

水路危险货物运输风险评估表如表6.3所示。

表6.3 水路危险货物运输风险评估表

评估单位、部门:危管防污处　　　　　　　　　　　　评估日期:2019年9月

| 风险名称 | 水路危险货物运输风险 |
|---|---|
| 风险描述 | 危险货物运输船舶在营运过程中,可能会发生火灾、爆炸,严重泄漏(溢油100t及以上、危险化学品泄漏),集装箱运输船舶载运危险货物瞒报漏报,可能会导致船舶沉没,危及船员生命安全,造成海洋污染 |
| 分类(五类) | 安全监管类 |
| 风险存在范围 | 新港海事局、北疆海事局、南疆海事局、大沽口海事局、海河海事局、东疆海事局、大港海事局 |
| 风险事件可能发生位置或岗位 | 天津辖区各码头 |

续表

| 风险名称 | 水路危险货物运输风险 |
|---|---|
| 可能发生的风险事件 | ① 危险货物运输船舶发生火灾、爆炸。<br>② 危险货物运输船舶发生严重泄漏（溢油100t及以上、危险化学品泄漏）。<br>③ 集装箱运输船舶载运危险货物瞒报漏报 |

| 可能性（L） | | | | |
|---|---|---|---|---|
| 极易(4) | 易(3) | 可能(2) | 不大可能(1) | 2 |

| 后果严重程度（C） | | | | |
|---|---|---|---|---|
| 特别严重(4) | 严重(3) | 较严重(2) | 不严重(1) | 2 |

| 风险度（D=LC） | | |
|---|---|---|
| 重大($D \geq 4$) | 一般($D < 4$) | 4 |

（2）确定风险等级

根据评估结果，经2019年7月18日局防范化解重大风险工作领导小组会审议和2019年8月22日局党组会审定，确定"水路危险货物运输风险"为局重大风险。

#### 6.1.2.3 风险分析

（1）危害性分析

危险货物运输船舶发生火灾、爆炸：危险货物运输船舶发生搁浅、碰撞及火灾事故及可能导致的次生燃油泄漏风险；造成海洋污染和财产损失。

危险货物运输船舶发生严重泄漏（溢油100t及以上、危险化学品泄漏）：易燃易爆货物一旦泄漏或操作不当，可能引起燃烧爆炸，影响人员、财产安全。有毒有害货物一旦泄漏或操作不当，可能引起水体环境污染。LNG属于高度易燃、易爆危险品，LNG泄漏，容易使人员中毒窒息；蒸气聚积一旦燃烧爆炸，不但影响本船人员、财产安全，而且会影响周围其他船舶、码头及人员的安全。二甲苯、乙醇等具有易燃性；乙醇、丁醇、乙二醇、二氯乙烷等与空气混合，有遇火爆炸的风险；甲苯、二甲苯、甲醇、丁醇、乙二醇、二氯乙烷等，对水体和空气都具有污染性，对人体具有毒害性。汽油、柴油、石脑油、煤油等具有易燃性，且具有挥发性，聚集的油气有爆炸的风险；汽油、柴油、石脑油、煤油、沥青等，对水体和空气都具有污染性。

集装箱运输船舶载运危险货物瞒报漏报：瞒报漏报行为导致船方不了解货物性质，在船舶积载隔离过程中未考虑相关要求，造成货物起火、爆炸、泄漏等危害。

（2）致险因素分析

① 船员：船员危险货物安全操作意识不够，船员更换频繁的船舶，船员不能熟练掌握危险货物操作知识；承运人在接收托运信息时未能有效核实货物信息，造成谎报瞒报事实；船员疏于瞭望、责任心缺失导致碰撞风险；船舶供油过程中，双方沟通不畅或误沟通，操作人员误操作，易引发燃油泄漏，造成环境污染及火灾事故；供油过程中未堵好甲板排水孔，未关好有关通海阀，易造成污染泄漏；船岸作业值班疏忽，未及时关闭阀门，导致货物泄漏；部分船员业务素质不够、责任心不强，应急能力不足，是货物作业过程中发生安全事故的主因。船员、码头装卸人员或从事防污染作业的人员未经过相关培训或未严格遵守操作规程。

② 船舶：船舶设备状况未能得到有效养护、船舶及设施老化。供受油作业中管压异常、供油速度控制不当，易导致舱压异常，造成供油管及接头处破裂，引发环境污染及火灾事故；加油过程中，油舱中有油雾积聚或空气中油气含量过高，易产生火灾、爆炸及人员中毒事故；加油管线静电控制不力，易造成静电积聚和释放，导致火灾和爆炸危险；加热系统温度控制不当，影响燃油黏度及供油速度，易造成管压异常，引发环境污染及火灾事故；船上货物装卸系统、消防系统、应急设备的维护保养不力；船舶设施、设备未保持良好状态，未达到危险货物的适装适运或防污染应急要求。

③ 自然环境：恶劣天气及海况，船舶控制不稳，易引发加油管路破裂，引发环境污染事故；大风浪导致船舶受损造成事故。

④ 通航环境：船舶在各港池、航道内穿行，频繁进行靠离泊操作，如果处置不当，极易发生污染、碰撞、火灾等事故；船员对通航环境不熟悉，导致船舶搁浅或在桥区与他船会遇时发生碰撞，导致严重泄漏或发生火灾爆炸

事故；航道条件、非法驶入航道船舶、无序航行船艇等为船舶进出港带来安全风险。

⑤ 管理因素：公司管理不规范、岸基支持不足、作业现场管理松懈、《船岸安全检查表》未认真落实等；作业时间不固定，夜间作业能见度受限，人员工作强度大，易发生操作性事故；船舶未按照安全作业标准执行作业规程或安全体系执行不到位。

（3）相关指导性文件

① 《国际防止船舶造成污染公约》。

② 《中华人民共和国海洋环境保护法》。

③ 《中华人民共和国防治船舶污染海洋环境管理条例》。

④ 《中华人民共和国船舶及其有关作业活动污染海洋环境防治管理规定》。

⑤ 《关于印发〈船舶载运散装液体物质分类评估管理办法〉的通知》（海船舶〔2007〕239号）。

⑥ 《关于印发〈船舶污染和船舶载运危险货物违法行为举报奖励办法〉的通知》（海船舶〔2011〕63号）。

⑦ 《关于加强对装运种子饼船舶管理的通知》（海船舶〔2012〕705号）。

⑧ 《关于加强船载外贸放射性物品运输管理有关事项的通知》（海船舶〔2013〕2号）。

⑨ 《关于加强船舶载运进口散装直接还原铁安全监督管理的通知》（海船舶〔2013〕160号）。

⑩ 《关于加强船舶载运易流态化固体散装货物安全监督管理有关事项的通知》（海船舶〔2013〕349号）。

⑪ 《关于碳酸二甲酯分类及散装运输要求的函》（海船舶〔2013〕348号）。

⑫ 《关于执行〈国际散装运输危险化学品船舶构造和设备规则〉2012年修正案有关事项的通知》（海危防〔2014〕245号）。

⑬ 《中华人民共和国海事局关于做好〈国际海运危险货物规则〉（2014版）执行工作的通知》（海危防〔2015〕594号）。

⑭ 《交通运输部海事局关于印发〈船载危险货物申报员和集装箱装箱现场检查员管理办法〉的通知》（海危防〔2017〕548号）。

#### 6.1.2.4 风险防控措施

水路危险货物运输风险防控措施如表6.4所示。

表6.4 水路危险货物运输风险防控措施

| 措施分类 | 降低风险可能性的防控措施 | 指导部门 | 执行单位/部门 |
|---|---|---|---|
| 行政许可、行政备案、行政报告 | 加强船载危险货物的申报审批环节，严格按照相关法律法规规定审查材料 | 危防处 | 各分支局 |
| | 对载运危险货物的国际航行船舶进口岸申请、进出港查验严格履行审批程序 | 船舶处 | 各分支局 |
| | 加强辖区船舶供油单位备案管理 | 危防处 | 各分支局 |
| | 加强船舶供受油作业和船舶污染物接收作业报告管理 | 危防处 | 各分支局 |
| 行政检查 | 加强载运危险货物船舶的现场检查力度，督促企业及船舶严格按照规定进行载运及作业，发现问题时应严格要求相关方进行整改 | 危防处、船舶处 | 各分支局 |
| | 对危险货物积载隔离、船舶适装适运、船舶装卸货安全操作、船舶安全和防污染应急能力等项目进行核查 | 危防处 | 各分支局 |
| | 加强对载运危险货物船舶相关作业活动现场检查 | 危防处 | 各分支局 |
| | 对载运危险货物的国际航行船舶，联合海关、出入境边防检查站开展联合登临检查 | 船舶处 | 各分支局 |
| | 开展危险货物作业现场检查，督促船岸严格落实船岸联合检查表制度 | 危防处 | 各分支局 |
| | 对照载运散装液化天然气船舶所适用的特别规定，对进出港LNG运输船舶加强检查 | 危防处、船舶处 | 各分支局 |
| | 对从事危险货物装卸作业的码头开展防污染能力监督检查，重点核查：①防污染管理制度建立和运行情况；②码头的防污染应急能力；③防污染设施设备 | 危防处 | 各分支局 |
| | 督促船舶供油单位提高认识，强化管理，树立安全生产责任主体意识，认真落实安全与防污染管理制度要求，加强对作业人员教育培训，注重安全措施的落实 | 危防处 | 各分支局 |
| | 加强对船舶供受油作业现场的有效监管，加大对非法供油作业的执法力度。安全检查时，加大对船舶落实安全和防污染管理制度的检查、人员实操和适任能力的考察 | 危防处 | 各分支局 |

续表

| 措施分类 | 降低风险可能性的防控措施 | 指导部门 | 执行单位/部门 |
|---|---|---|---|
| 行政检查 | 加强船舶供受油作业单证、油样检查：船舶燃油供给单位应当如实填写燃油供受单证，并向船舶提供燃油供受单证和燃油样品。燃油供受单证应当包括受油船船名，船舶识别号或国际海事组织编号，作业时间、地点，燃油供应商的名称、地址和联系方式以及燃油种类、数量、密度和含硫量等内容。船舶和燃油供给单位应当将燃油供受单证保存3年，将燃油样品妥善保存1年。燃油供给单位应当确保所供燃油的质量符合相关标准要求，并将所供燃油送交取得国家规定资质的燃油检测单位检测。燃油质量的检测报告应当留存在作业船舶上备查 | 危防处 | 各分支局 |
| | 加强船舶供受油作业现场检查。加强巡查，重点检查项目：在作业前，检查管路、阀门，做好准备工作，堵好甲板排水孔，关好有关通海阀；检查油类作业的有关设备，使其处于良好状态；对可能发生溢漏的地方，设置集油容器；供受油双方以受方为主商定联系信号，双方均应切实执行。在作业中，要有足够人员值班，当班人员要坚守岗位，严格执行操作规程，掌握作业进度，防止跑油、漏油；停止作业时，必须有效关闭有关阀门；收解输油软管时，必须事先用盲板将软管有效封闭，或者采取其他有效措施，防止软管存油倒流入海 | 危防处 | 各分支局 |
| | 加强风险源的监督检查，建立完善检查记录和台账 | 危防处 | 各分支局 |
| 行政处罚和行政强制 | 对相关违法违规行为进行查处，或采取行政强制措施 | 各相关处室 | 各分支局 |
| 水上交通管制 | 组织开展水上巡航，做好水上通航秩序疏导 | 指挥中心 | 各分支局 |
| | 发生泄漏情况，将采取临时封闭航道等交通管制措施 | 指挥中心、交管中心 | 各分支局 |

续表

| 措施分类 | 降低风险可能性的防控措施 | 指导部门 | 执行单位/部门 |
|---|---|---|---|
| 水上交通管制 | LNG船舶进出港时建立LNG船舶移动安全区；严格管控周边水域水上水下作业，划定相应的施工作业区域，及时发布航行警（通）告 | 通航处 | 南疆海事局、大港海事局 |
| | 借助AIS、CCTV、雷达等手段密切关注危险化学品船舶进出港动态，并适时开展海上交通管制 | 交管中心 | 各分支局 |
| 其他 | 持续推动"政府主导、海事组织、企业运营、全社会共同参与"的海上污染应急能力"天津模式"建设，完善海上污染设备库设施设备配备，注重船载危险化学品事故应急能力建设，做好设备库及站点的运维工作 | 危防处 | 各分支局 |
| | 严格按照日常及节假日应急值守工作要求开展应急值守 | 指挥中心 | 各分支局 |
| | 对LNG船舶进出港、靠泊期间风险开展专项评估 | 危防处 | 南疆海事局、大港海事局 |
| 评估结果 | 风险等级是否已降到可接受的范围 | 是 √ | 否 |

## 6.1.3 船舶碰撞桥梁风险综合管控预案

### 6.1.3.1 风险辨识

（1）辨识过程

通过综合海河海事局、东疆海事局、大沽口海事局、南疆海事局辨识的风险，并依据《交通运输部安全委员会关于加强交通运输领域安全生产重大风险防控的通知》（交安委〔2019〕5号），经综合辨识，确认"船舶碰撞桥梁风险（含停工、未合龙桥梁）"是一项安全监管类风险。

（2）风险名称

船舶碰撞桥梁风险（含停工、未合龙桥梁）。

（3）风险描述

船舶通过桥区水域时由于受桥梁停工、未合龙桥梁水中构筑物影响触碰桥梁，可能造成桥梁损坏甚至垮塌、船舶损失、环境污染等人身、财产损失和环境损害，桥梁损坏还会影响两岸交通，对陆域群众出行、货物运输等造成不便，易引起社会影响。

（4）风险分类

安全监管类。

（5）风险存在范围

海河海事局、大沽口海事局、南疆海事局、东疆海事局。

#### 6.1.3.2　风险评估

（1）风险评估表

船舶碰撞桥梁风险评估表如表6.5所示。

**表6.5　船舶碰撞桥梁风险评估表**

评估单位、部门：通航管理处　　　　　　　　　　　　评估日期：2019年9月

| 风险名称 | 船舶碰撞桥梁风险（含停工、未合龙桥梁） |
|---|---|
| 风险描述 | 船舶通过桥区水域时由于受桥梁停工、未合龙桥梁水中构筑物影响触碰桥梁，可能造成桥梁损坏、船舶损失、环境污染等人身财产损失，桥梁损坏还会造成群众过桥、货物运输等方面的影响 |
| 分类（五类） | 安全监管类 |
| 风险存在范围 | 海河海事局、大沽口海事局、南疆海事局、东疆海事局 |
| 风险事件可能发生位置或岗位 | ① 海门大桥、海河开启桥、西外环跨海河大桥附近水域（海河海事局）。<br>② 海河内停工桥梁（西中环桥、安阳桥、于新桥）附近水域（海河海事局）。<br>③ 南疆大桥附近水域（大沽口海事局、南疆海事局）。<br>④ 北塘永定新河大桥和永定新河特大桥附近水域（东疆海事局） |
| 可能发生的风险事件 | ① 船舶航行时碰撞桥梁造成桥梁损坏、船舶损失、环境污染等人身财产损失。<br>② 因行洪泄洪、恶劣天气等因素引发锚泊船舶走锚等险情造成碰撞桥梁。<br>③ 桥区水域通航环境复杂造成过往船舶触损事故 |

续表

| 风险名称 | | | | 船舶碰撞桥梁风险（含停工、未合龙桥梁） |
|---|---|---|---|---|
| 可能性（$L$） | | | | |
| 极易<br>(4) | 易<br>(3) | 可能<br>(2) | 不大可能(1) | 2 |
| 后果严重程度（$C$） | | | | |
| 特别严重(4) | 严重<br>(3) | 较严重<br>(2) | 不严重<br>(1) | 3 |
| 风险度（$D=LC$） | | | | |
| 重大<br>($D \geqslant 4$) | | 一般<br>($D<4$) | | 6 |

（2）确定风险等级

根据评估结果，经2019年7月18日局防范化解重大风险工作领导小组会审议和2019年8月22日局党组会审定，确定"船舶碰撞桥梁风险（含停工、未合龙桥梁）"为局重大风险。

#### 6.1.3.3 风险分析

（1）危害性分析

天津海事局辖区内桥梁众多，包含机非混行桥、高速公路桥，桥区水域航行船舶类型复杂，主要包含散货船舶、危险品船舶、旅游船舶、渡船、渔船。船舶碰撞桥梁后可能造成桥梁损坏甚至垮塌、船舶损失、环境污染等后果，桥梁损坏还会影响两岸交通，对陆域群众出行、货物运输等造成不便，社会影响较大，高速公路桥损坏还将对天津港货物集散造成影响。

（2）致险因素分析

船员操作不当、安全意识不足是造成船舶触碰桥梁的主要原因之一，船员对桥区水域通航环境不熟悉，没有及时收集了解通航桥梁的通航净空尺度信息，甚至不了解相应位置处建有桥梁，航行时未保持有效的瞭望，均可能造成船舶触碰桥梁事故的发生。

船舶设备维护不当造成船舶在通过桥区水域时操纵能力不足，无法处理紧迫局面，造成事故发生。桥梁桥涵标维护不到位，造成桥涵标缺失或能效不足，致使船舶无法判断桥梁尺度和通航孔造成事故。施工单位和船舶未能设置有效的安全警示标志和设施，也会造成船舶碰撞事故。

恶劣的气象水文条件，如能见度不良、大风浪和行洪泄洪对船舶安全通航造成影响，易引起事故。桥梁设计、选址未能充分考虑通航安全（如净空尺度、航线与水流夹角等），也会造成事故发生。

船公司管理不当也是造成事故的间接原因，船员不熟悉相关体系文件规定、体系培训监管及执行不到位、桥区水域海图资料配备不足是事故发生的间接原因。

（3）相关指导性文件

①《中华人民共和国水上水下作业和活动通航安全管理规定》（交通运输部令2021年第2号）。

②《中华人民共和国桥区水域水上交通安全管理办法》（交办海〔2018〕52号）。

③《水上交通管制办法》（交办海〔2016〕188号）。

④《中华人民共和国航标条例》（国务院令1995年第187号）。

⑤《沿海航标管理办法》（交通部令2003年第7号）。

#### 6.1.3.4　风险防控措施

船舶碰撞桥梁风险防控措施如表6.6所示。

表6.6　船舶碰撞桥梁风险防控措施

| 措施分类 | 降低风险可能性的防控措施 | 指导部门 | 执行单位/部门 |
| --- | --- | --- | --- |
| 桥梁建设前 | 依照《中华人民共和国水上水下活动通航安全管理规定》《中华人民共和国桥区水域水上交通安全管理办法》对新建桥梁及停工桥梁复工进行行政许可 | 通航管理处、法规规范处、政务中心 | 海河、东疆、大沽口、南疆海事局 |
| | 对通航安全可能构成重大影响的涉水桥梁工程，依法组织开展施工通航安全保障方案技术评审，维护通航秩序，保障通航安全 | 通航管理处 | 海河、东疆、大沽口、南疆海事局 |
| | 行政许可中依法征求上下游港航企业、船舶所有人等相关利害人意见 | 法规规范处、通航管理处 | 海河、东疆、大沽口、南疆海事局 |

续表

| 措施分类 | 降低风险可能性的防控措施 | 指导部门 | 执行单位/部门 |
| --- | --- | --- | --- |
| 桥梁建设中 | 按照《中华人民共和国水上水下活动通航安全管理规定》《中华人民共和国桥区水域水上交通安全管理办法》等规定要求，对本机构依法许可的施工作业开展通航安全作业条件、通航安全保障措施落实情况检查，督促桥梁建设单位、施工单位加强施工船舶、船员的安全教育工作 | 通航管理处 | 海河、东疆、大沽口、南疆海事局 |
| 桥梁建设中 | 开展施工船舶适航、船员适任的安全检查和现场检查 | 船舶监督处、船员管理处 | 海河、东疆、大沽口、南疆海事局 |
| 桥梁建设中 | 建立与施工单位的信息沟通机制，跟踪施工进度，对桥梁建设实行一桥一档的管理方法 | 通航管理处 | 海河、东疆、大沽口、南疆海事局 |
| 桥梁建设中 | 按照《中华人民共和国海上海事行政处罚规定》《中华人民共和国水上水下活动通航安全管理规定》对违法违规行为进行处罚 | 法规规范处、通航管理处 | 海河、东疆、大沽口、南疆海事局 |
| 桥梁建设后 | 依法受理建设单位、业主单位的桥梁通航净空尺度等通航安全技术参数的备案，并做好相关航行警（通）告的发布工作 | 通航管理处 | 海河、东疆、大沽口、南疆海事局 |
| 桥梁建设后 | 按照《中华人民共和国桥区水域水上交通安全管理办法》等有关规定检查并督促桥梁业主单位、养护单位对桥涵标等警示标志进行日常检查和养护 | 航海保障处 | 海河、东疆、大沽口、南疆海事局 |
| 日常监管措施 | 根据《TJMSA-ZH-CX-004巡航管理工作程序》《天津海事局电子巡航管理办法（试行）》开展巡航管理 | 指挥中心 | 海河、东疆、大沽口、南疆海事局 |
| 日常监管措施 | 交管中心审核进入海河船舶动态，重点关注船舶宽度、高度和停靠泊位等 | 指挥中心 | 交管中心 |
| 日常监管措施 | 按照《水上交通管制办法》《中华人民共和国桥区水域水上交通安全管理办法》进行水上交通管制。发现船舶在桥区水域、禁锚区抛锚的行为及时进行制止，疏导船舶移泊至临时锚泊区 | 指挥中心 | 交管中心，海河、东疆、大沽口、南疆海事局 |

续表

| 措施分类 | 降低风险可能性的防控措施 | 指导部门 | 执行单位/部门 |
|---|---|---|---|
| 日常监管措施 | 根据《TJMSA-ZH-CX-001防汛、防风及风暴潮工作程序》与桥梁管理单位和气象、水利、海洋等部门保持良好沟通，多方合作应对恶劣天气，通过多种方式向相关企业、船舶代理公司转发恶劣天气预警、桥区航行注意事项等信息 | 指挥中心 | 交管中心，海河、东疆、大沽口、南疆海事局 |
| | 配合滨海新区城市管理委员会、交通运输局等有关单位，共同督促桥梁所有人、桥梁养护单位落实安全主体责任，做好桥涵标日常养护和提桥期间值班工作 | 航海保障处 | 海河、东疆、大沽口、南疆海事局 |
| | 制定辖区应急搜救预案。险情或事故发生后应按应急预案做好险情处理，若发生碰撞等影响通航的水上交通事故，视情况采取交通管制措施 | 指挥中心 | 交管中心，海河、东疆、大沽口、南疆海事局 |
| 评估结果 | 风险等级是否已降到可接受的范围 | 是 √ | 否 |
| 备注 | 对于渔港水域，要严格按照职责划分依法履职 | | |

## 6.1.4 内河船涉海运输事故风险综合管控预案

### 6.1.4.1 风险辨识

（1）辨识过程

《关于进一步开展重大风险梳理工作的通知》下发后，通航管理处高度重视，在认真学习文件精神的基础上，就风险与隐患的内在联系和区别进行了研究探讨。按照职责分工全面梳理查找了自2013年以来的风险事件，对通航管理工作的专项活动及典型事件进行了全面梳理、统计，抽丝剥茧，立足天津辖区工作实际，综合考量全国海事相关事件，通过对风险事件的统计、分析，初步确定了通航管理工作中主要的安全监管风险集中在内河船涉海运输治理，且目前存在违法船舶后续处置难、实施全链条治理难的现实困难，单纯依靠行业管理无法解决社会性问题。受供需矛盾和利益驱使，内河船涉海运输违法行为还将长期存在，尤其是近年来内河船涉海运输事故高居不下。因此发生内河船涉海运输事故的可能性为可能，系数为2。按照水上交通安全监管风险类风险后果严重程度判定标准，判定为"较严重"，系数为2，再乘以可能性系数2，最终确定为重大风险。

（2）风险名称

内河船涉海运输事故风险。

（3）风险描述

近年来，受内河禁采限采砂石政策及建筑市场砂石需求持续旺盛的双重影响，海砂需求旺盛，价格飞涨，利益巨大。受供需矛盾和利益驱使，部分内河船舶不顾自身安全，铤而走险参与涉海运输，因内河船舶建造规范、结构不适宜海上航行、作业，船上人员航海技能、水平普遍较低等，易发生水上交通安全事故。

（4）风险分类

安全监管类。

（5）风险存在范围

各分支局。

#### 6.1.4.2 风险评估

（1）风险评估表

内河船涉海运输事故风险评估表如表6.7所示。

**表6.7 内河船涉海运输事故风险评估表**

评估单位、部门：通航管理处　　　　　　　　　　评估日期：2019年9月

| 风险名称 | 内河船涉海运输事故风险 |
| --- | --- |
| 风险描述 | 内河船舶建造规范、结构不适宜海上航行、作业，船上人员航海技能水平普遍较低，且常有超载、配员不足、违反航行规则等违法行为发生，内河船涉海运输易发生水上交通安全事故 |
| 分类（五类） | 安全监管类 |
| 风险存在范围 | 各分支局 |
| 风险事件可能发生位置或岗位 | 马棚口、北塘河口、驴驹河、高沙岭等水域以及内河船舶航经、停泊水域 |

续表

| 风险名称 | | | | 内河船涉海运输事故风险 |
|---|---|---|---|---|
| 可能发生的风险事件 | | | | ① 内河船舶涉海运输自沉、风灾事故。<br>② 内河船舶与其他船舶发生碰撞事故 |
| 可能性（L） | | | | |
| 极易(4) | 易(3) | 可能(2) | 不大可能(1) | 2 |
| 后果严重程度（C） | | | | |
| 特别严重(4) | 严重(3) | 较严重(2) | 不严重(1) | 2 |
| 风险度（D=LC） | | | | |
| 重大 ($D \geqslant 4$) | | 一般 ($D < 4$) | | 4 |

（2）确定风险等级

根据评估结果，经2019年7月18日局防范化解重大风险工作领导小组会审议和2019年8月22日局党组会审定，确定"内河船涉海运输事故风险"为局重大风险。

#### 6.1.4.3 风险分析

（1）危害性分析

内河船舶非法从事海上运输仍是天津海上交通安全严重隐患，且内河船涉海运输事故易造成群体性事件，给维稳工作带来压力。

（2）致险因素分析

一是船员专业航海知识欠缺，配备不足。就船员而言，海船船员培训发证与内河船相比，要求更高，需要具备的能力也更多。但当内河船超航区进入沿海水域时，内河船船员无法及时应对复杂的海上突发局面，极易引起水上交通事故。而从实际来看，内河船舶涉海运输过程中配员不足或船上人员未持有效证书呈普遍现象，这些船上人员没有海上航行经验，不熟悉沿海各交通密集区、渔船作业区的通航状况，不熟悉或不遵守《1972年国际海上避碰规则》，在海上航行时选择航路、航法不当及疲劳驾驶等，易造成紧迫危险或交通事故。

二是船舶结构不适宜海上航行。就船舶而言，内河船的设计、建造是依据内河船设计建造规范，其储备浮力、结构、设计、设备不满足海上安全航行条件，如内河船舶干舷小、储备浮力普遍不足、无舱盖、多为平底、船体结构强度不够等。内河船舶航行在内河水域，水文气象条件比较稳定，而海上气象条件相对恶劣，风急、浪高，内河船稳性差，抗风能力低，而很多内河船参与涉海中存在超载行为，在海上航行甲板容易上浪，货舱容易进水，易发生倾斜、翻沉等事故。

三是逃生知识和设备欠缺。内河船通信设施、导航系统较海船落后，有时在海上航行时故意、恶意逃避海事监管，关闭AIS。大部分内河船舶消防、救生、通信设备存在不足，也有部分配备的设备由于年久失修和船上人员缺乏使用知识等，在发生紧急情况时，缺乏自救能力和逃生手段，极易发生事故。

四是船舶安全管理缺失。目前内河船舶多为个体经营，船东、船员等安全意识淡薄，即便挂靠公司也是挂而不管。内河船的所有人或者实际经营人往往蓄意逃避安全监管，船舶检验证书、船舶国籍证书长期处于失效状态，船舶保养不到位，个别船舶甚至无船舶识别号、无船名、无船籍港、无船舶证书，船舶长期处于不适航状态。船舶所有人或者实际经营人，未落实安全管理主体责任，无法保障人员及船舶的安全利益。

（3）相关指导性文件

①《天津市人民政府办公厅关于印发天津市治理内河船舶非法从事海上运输专项工作方案的通知》（2018年8月6日）。

②《天津市治理内河船舶非法从事海上运输专项工作联合办公室关于印发天津市治理"三无"船舶和非法从事海上运输内河船舶长效工作方案的通知》（2019年5月21日）。

③《住房城乡建设部等部门关于加强海砂开采运输销售使用管理工作的通知》（建质〔2018〕108号）。

④《交通运输部办公厅关于全面推进内河船舶非法从事海上运输常态化治理的意见》（交海办〔2017〕13号）。

⑤《交通运输部关于认真贯彻习近平总书记重要指示批示精神开展冬季公路水路安全生产行动的通知》（交安监发〔2018〕169号）。

⑥《交通运输部海事局关于印发〈内河船涉海运输整治专项行动实施方案〉的通知》（海通航〔2019〕2号）。

#### 6.1.4.4 风险防控措施

内河船涉海运输事故风险防控措施如表6.8所示。

表6.8　内河船涉海运输事故风险防控措施

| 措施分类 | 降低风险可能性的防控措施 | 指导部门 | 执行单位/部门 |
|---|---|---|---|
| 动态 | 推动源头治理。通过电子巡航和现场巡查，密切关注辖区是否存在可疑非法卸砂点，一经确认，立即通报属地功能区管委会（街道）、市治砂办等相关单位，推动职能部门尽快予以取缔；将内河船违法行为通报船籍港海事管理机构 | 通航处 | 各分支局 |
| 动态 | 严控涉水工程前期受理审批及现场施工关。涉水工程，尤其是建设工期较长的施工项目，严格审查船舶合法性，严禁使用内河船，在船舶入场时对船舶、船员证书详细核查，及时了解施工进度，并要求施工单位书面报备船舶进场退场情况；除完成正常检查覆盖率要求，不定期不定时开展现场突击检查 | 通航处 | 各分支局 |
| 动态 | 加强对重点水域和重点时段的巡查力度。对内河船易聚集易活动的重点水域，通过无人机、电子巡航等手段查看辖区船舶是否有异常动态，通过日常沿线巡查查看是否存在内河船舶；对"两会""国庆"等等时段进一步加大巡查频次，对"开渔季""春节前""恶劣天气后"等船舶易聚集时段加强巡查和打击力度，特别是"春节前"针对船舶越冬问题，有针对性地提前部署，不断挤压内河船栖息空间 | 通航处 | 各分支局 |
| 动态 | 持续摸排，依托属地力量做好综合治理。通过日常摸排了解辖区内河船分类及数量情况，依照天津市推进办文件不断深化、固化"全链条"治理，推动形成政府牵头主导，港航局、新区农委、海事、管委会相关部门、边防联合巡航综合治理模式 | 通航处 | 各分支局 |
| 动态 | 严格行政处罚和召回程序。严格按照法律法规、部海事局文件要求、天津海事局制定的内河船行政处罚标准以及天津市推进办文件，对内河船实施查扣、行政处罚和召回，并将内河船信息录入联动平台 | 通航处 | 各分支局 |
| 静态 | 内外联动，发挥司法作用。各分支局加强关于内河船情况的信息互通和学习借鉴，必要时由局统一组织行动；借助司法力量加强对内河船涉海运输的打击力度 | 通航处 | 各分支局 |
| 静态 | 加强舆论引导。保持内河船治理工作宣传力度，通过多种媒体方式宣传内河船涉海运输危害和治理工作情况 | 宣传处 | 各分支局 |

续表

| 措施分类 | 降低风险可能性的防控措施 | 指导部门 | 执行单位/部门 |
|---|---|---|---|
| 静态 | 总结评估提升。及时总结问题和经验成果，加强改进措施，制定下一阶段具体工作计划方案，不断巩固治理成效 | 通航处 | 各分支局 |
| 评估结果 | 风险等级是否已降到可接受的范围 | 是 ✓ | 否 |
| 备注 | | | |

## 6.1.5 极端自然灾害风险综合管控预案

### 6.1.5.1 风险辨识

（1）辨识过程

依据《交通运输部安全委员会关于加强交通运输领域安全生产重大风险防控的通知》（交安委〔2019〕5号）要求，结合各分支局风险辨识结果，确认"极端自然灾害风险"是一项安全监管类风险。

（2）风险名称

极端自然灾害风险。

（3）风险描述

汛期强降水引起的辖区河流水位上涨，海河、永定新河、独流减河防潮闸管理所提闸行洪给下游船舶航行安全带来风险。

渤海中西部海域7级及以上等级大风给天津港口水域船舶安全航行、停泊和作业带来风险。

辖区沿岸风暴潮增水给船舶航行、停泊和作业带来风险。

海上浓雾（霾）等低能见度天气给船舶航行安全带来风险。

（4）风险分类

安全监管类。

（5）风险存在范围

各分支局。

## 6.1.5.2　风险评估

（1）风险评估表

极端自然灾害风险评估表如表6.9所示。

**表6.9　极端自然灾害风险评估表**

评估单位、部门：指挥中心　　　　　　　　　　　　　　评估日期：2019年9月

| 风险名称 | 极端自然灾害风险 |
|---|---|
| 风险描述 | ① 汛期强降水引起的辖区河流水位上涨，海河、永定新河、独流减河防潮闸管理所提闸行洪给下游船舶航行安全带来风险。<br>② 渤海中西部海域7级及以上等级大风给天津港口水域船舶安全航行、停泊和作业带来风险。<br>③ 辖区沿岸风暴潮增水给船舶航行、停泊和作业带来风险。<br>④ 海上浓雾（霾）等低能见度天气给船舶航行安全带来风险 |
| 分类（五类） | 安全监管类 |
| 风险存在范围 | 各分支局 |
| 风险事件可能发生位置或岗位 | ① 汛期强降水：东疆海事局、南疆海事局、大沽口海事局、大港海事局。<br>② 7级以上等级大风：天津港口水域内船舶。<br>③ 风暴潮增水：辖区靠泊船舶。<br>④ 海上浓雾（霾）：进出港船舶 |
| 可能发生的风险事件 | ① 汛期强降水引起的辖区河流水位上涨，海河、永定新河、独流减河防潮闸管理所提闸行洪给下游船舶航行安全带来风险。<br>② 渤海中西部海域7级及以上等级大风给天津港口水域内船舶安全航行、停泊和作业带来风险。<br>③ 辖区沿岸风暴潮增水给船舶航行、停泊和作业船舶带来风险。<br>④ 海上浓雾（霾）等低能见度天气给船舶航行安全带来风险 |

续表

| 风险名称 | | | | 极端自然灾害风险 |
|---|---|---|---|---|
| 可能性（L） | | | | |
| 极易(4) | 易(3) | 可能(2) | 不大可能(1) | 2 |
| 后果严重程度（C） | | | | |
| 特别严重(4) | 严重(3) | 较严重(2) | 不严重(1) | 2 |
| 风险度（D=LC） | | | | |
| 重大 ($D \geq 4$) | | 一般 ($D < 4$) | | 4 |

（2）确定风险等级

根据评估结果，经2019年7月18日局防范化解重大风险工作领导小组会审议和2019年8月22日局党组会审定，确定"极端自然灾害风险"为局重大风险。

#### 6.1.5.3 风险分析

（1）危害性分析

强降水导致的河流泄洪可能导致下游船舶碰撞、触碰、翻沉、走锚等险情的发生，大风可能导致船舶走锚、碰撞、触碰、断缆等险情的发生，风暴潮可能导致船舶触碰、断缆等险情的发生，海上浓雾（霾）可能导致船舶碰撞、搁浅等险情的发生。

（2）致险因素分析

极端自然灾害风险的致险因素是季节性天气海况因素，其中强降水风险主要时间为7~8月汛期，大风、风暴潮和浓雾（霾）风险在不同季节均有可能发生，主要集中在秋季和冬季。

（3）相关指导性文件

①《交通运输部关于做好2019年防汛防台风工作的通知》（交应急函〔2019〕211号）。

②《交通运输部关于强化责任担当确保交通运输行业安全度汛的通知》（交应急明电〔2019〕4号）。

③《交通运输部关于进一步强化责任感紧迫感全力做好防汛防台风关键期各项工作的通知》(交应急明电〔2019〕6号)。

④《防汛、防风及风暴潮工作程序》。

#### 6.1.5.4 风险防控措施

极端自然灾害风险防控措施如表6.10所示。

表6.10 极端自然灾害风险防控措施

| 措施分类 | 降低风险可能性的防控措施 | 指导部门 | 执行单位/部门 |
|---|---|---|---|
| 综合措施 | 提高站位,深刻认识到做好防控极端自然灾害工作的重要意义,全面审视和正确把握水上交通安全形势,充分估计极端自然灾害给海上搜救应急工作带来的不利影响 | 指挥中心 | 各分支局 |
| | 全面落实领导责任和岗位责任,层层压实责任,将责任落实到岗到人,早准备、早部署、早检查、早落实,切实做好极端自然灾害防抗的各项准备工作。加强组织领导,指定具体责任部门 | 指挥中心 | 各分支局 |
| | 明确责任分工,做到逐级落实,做到分工明确,各项工作任务分工、责任落实到人 | 指挥中心 | 各分支局 |
| | 排查辖区在极端自然灾害防抗工作中存在的安全隐患和薄弱环节,并针对排查出的隐患提出整改措施,强化跟踪落实 | 指挥中心 | 各分支局 |
| | 加强极端自然灾害来临前对辖区桥区、渡口、锚地、通航密集区等重要区域的水上巡航监控 | 指挥中心 | 海河海事局、东疆海事局、大沽口海事局、大港海事局 |
| | 加强对辖区重点船舶的监管,严格执行恶劣天气条件下船舶禁限航规定,提醒辖区抗风能力弱的船舶做好相关保障措施 | 指挥中心 | 各分支局 |
| | 加强与气象、水利、海洋等部门的联系沟通,及时转发各类极端自然灾害预警信息 | 指挥中心 | 各分支局 |
| | 在汛期,加强与相关河流管理部门的联系沟通,密切跟踪强降水期间河流泄洪时间和洪量,及时发布掌握的预警信息 | 指挥中心 | 各分支局 |

续表

| 措施分类 | 降低风险可能性的防控措施 | 指导部门 | 执行单位/部门 |
|---|---|---|---|
| 综合措施 | 严格落实关键岗位24小时值班和领导干部带班制度，科学部署调配值班力量，强化视频连线值班与技术保障工作 | 指挥中心 | 各分支局 |
| | 按照《防汛、防风及风暴潮工作程序》的要求，做好极端自然灾害的应对防抗工作 | 指挥中心 | 各分支局 |
| | 做好应急抢险准备工作，如遇突发事件，要按照规定及时、准确上报信息，严禁迟报、漏报、瞒报 | 指挥中心 | 各分支局 |
| 评估结果 | 风险等级是否已降到可接受的范围 | 是 √ | 否 |
| 备注 | | | |

## 6.1.6 超大型油轮事故溢油风险综合管控预案

### 6.1.6.1 风险辨识

（1）辨识过程

组织辖区各分支局依据《交通运输部安全委员会关于加强交通运输领域安全生产重大风险防控的通知》（交安委〔2019〕5号）要求，对超大型油轮事故溢油风险开展风险源的普查和辨识，并对风险源的基本情况、风险源单位的基本情况、风险源周边环境基本情况、风险源安全管理等信息进行搜集汇总，经综合辨识，确认"超大型油轮事故溢油风险"是一项安全监管类风险。

（2）风险名称

超大型油轮事故溢油风险。

（3）风险描述

随着天津港口的快速发展、30万吨原油码头的投产运营，天津辖区水域发生重大溢油污染的风险越来越高，事故的发生一旦对天津海域造成大规模的海洋污染，不仅将损失海洋环境资源，还会影响港口作业，间接影响天津及后方腹地的经济发展。

（4）风险分类

安全监管类。

（5）风险存在范围

南疆海事局。

### 6.1.6.2 风险评估

（1）风险评估表

超大型油轮事故溢油风险评估表如表6.11所示。

**表6.11 超大型油轮事故溢油风险评估表**

评估单位、部门：危管防污处　　　　　　　　　　　　评估日期：2019年9月

| 风险名称 | 超大型油轮事故溢油风险 |
|---|---|
| 风险描述 | 随着天津港口的快速发展、30万吨原油码头的投产运营，天津辖区水域发生重大溢油污染的风险越来越高，事故的发生一旦对天津海域造成大规模的海洋污染，不仅将损失海洋环境资源，还会影响港口作业，间接影响天津及后方腹地的经济发展 |
| 分类（五类） | 安全监管类 |
| 风险存在范围 | 南疆海事局、东疆海事局 |
| 风险事件可能发生位置或岗位 | 天津港实华原油码头南30泊位、油田及附近区域 |
| 可能发生的风险事件 | ① 事故性溢油污染。<br>② 操作性溢油污染 |

| 可能性（$L$） ||||  |
|---|---|---|---|---|
| 极易(4) | 易(3) | 可能(2) | 不大可能(1) | 2 |

| 后果严重程度（$C$） ||||  |
|---|---|---|---|---|
| 特别严重(4) | 严重(3) | 较严重(2) | 不严重(1) | 2 |

| 风险度（$D=LC$） |||
|---|---|---|
| 重大($D \geq 4$) | 一般($D < 4$) | 4 |

（2）确定风险等级

根据评估结果，经2019年7月18日局防范化解重大风险工作领导小组会审议和2019年8月22日局党组会审定，确定"超大型油轮事故溢油风险"为局重大风险。

#### 6.1.6.3 风险分析

（1）危害性分析

汽油、柴油、石脑油、煤油等具有易燃性，容易引起火灾；汽油、柴油、石脑油、煤油等具有挥发性，聚集的油气有爆炸的风险；汽油、柴油、石脑油、煤油、沥青等，对水体和空气都具有污染性。事故的发生一旦对天津海域造成大规模的海洋污染，不仅将损失海洋环境资源，还会影响港口作业，间接影响天津及后方腹地的经济发展。

（2）致险因素分析

① 船员：部分船员业务素质不够、责任心不强，应急能力不足，是货物作业过程中发生安全和污染事故的主因。

② 船舶：船舶不适装，船上货物装卸系统、消防系统、应急设备的维护保养不力。

③ 自然环境：自然环境影响包括大风、雷暴、雨雪、能见度不良等恶劣天气，以及高温、冰冻等影响。

④ 管理：公司管理不规范、岸基支持不足、作业现场管理松懈、船岸安全检查表未认真落实等。

（3）相关指导性文件

①《国际防止船舶造成污染公约》。

②《中华人民共和国海洋环境保护法》。

③《防治船舶污染海洋环境管理条例》。

④《中华人民共和国船舶及其有关作业活动污染海洋环境防治管理规定》。

⑤《船舶载运散装液体物质分类评估管理办法》（海船舶〔2007〕239号）。

⑥《船舶污染海洋环境风险评价技术规范（试行）》（海船舶〔2011〕588号）。

⑦《中华人民共和国海事局关于做好中国籍船舶油污损害民事责任保险相关工作的通知》（海危防〔2013〕845号）。

#### 6.1.6.4 风险防控措施

超大型油轮事故溢油风险防控措施如表6.12所示。

**表6.12 超大型油轮事故溢油风险防控措施**

| 措施分类 | 降低风险可能性的防控措施 | 指导部门 | 执行单位/部门 |
|---|---|---|---|
| 行政许可、行政报告 | 加强船载危险货物的申报审批环节，严格按照相关法律法规定审查材料 | 危防处 | 南疆海事局、东疆海事局 |
| | 建立油田作业项目申报、审批职责清单和内容清单，严查船方提供相关证书、文书的全面性和合法性，针对原油外输作业特点重点加强对船舶IOPP证书的有效性和船舶适装性的审查，建立单船档案，杜绝船舶带病作业 | 危防处 | 东疆海事局 |
| | 严格撰写危险货物安全适运申明 | 危防处 | 南疆海事局、东疆海事局 |
| | 严格撰写防污染作业报告 | 危防处 | 南疆海事局、东疆海事局 |
| 行政检查 | 加强载运危险货物船舶的现场检查力度，督促企业及船舶严格按照规定进行载运及作业，发现问题时，严格要求相关方进行整改 | 危防处 | 南疆海事局、东疆海事局 |
| | 加强对载运危险货物船舶的防污染作业现场检查 | 危防处 | 南疆海事局、东疆海事局 |
| | 开展危险品作业现场检查，督促船岸严格落实船岸联合检查表制度 | 危防处 | 南疆海事局 |
| | 对油田相关作业，坚持现场监督"四个必查"：一是对负责尾留工作和守护工作的辅助船舶做到每次必查（检查内容针对外输作业涉及的通信设备和拖缆、卷筒、缆桩等设施的安全可用性）；二是对提油轮原油输入设备、船舶文书、船员证书做到每次必查；三是对外输作业期间应急设备配备情况做到每次必查；四是对FPSO输油软管检验情况做到每次必查，并做好台账记录和保存 | 危防处 | 东疆海事局 |

续表

| 措施分类 | 降低风险可能性的防控措施 | 指导部门 | 执行单位/部门 |
|---|---|---|---|
| 行政检查 | 实施油田外输过程监控的全时段覆盖。现场执法人员对每一次原油外输作业实施24小时全时段覆盖，密切关注作业过程的气象海况和船舶位置、动态，要求油田企业严格禁止违反安全作业条件作业行为，出现违反安全作业条件的行为采取行政强制手段，并进行相应的行政处罚，要求油田企业密切关注串联船舶位置以及海面是否出现溢油污染 | 危防处 | 东疆海事局 |
| | 加强码头污染防治能力的检查，重点核查防污染管理制度建立和体系运行情况、码头作业人员、防污染设施设备和码头的防污染应急能力 | 危防处 | 南疆海事局 |
| 行政处罚和行政强制 | 对相关违法违规行为进行查处，或采取行政强制措施 | 各相关处室 | 南疆海事局、东疆海事局 |
| 水上交通管制 | 组织开展水上巡航，做好水上通航秩序疏导 | 指挥中心 | 南疆海事局、东疆海事局 |
| | 发生泄漏情况时，采取临时封闭航道等交通管制措施 | 指挥中心、交管中心 | 南疆海事局、东疆海事局 |
| | 借助AIS、CCTV、雷达等手段密切关注超大型油轮进出港动态，并适时开展海上交通管制 | 交管中心 | 南疆海事局、东疆海事局 |
| 其他 | 持续推动"政府主导、海事组织、企业运营、全社会共同参与"的海上污染应急能力"天津模式"建设，完善海上污染设备库设施设备配备，做好设备库及站点的运维工作 | 危防处 | 南疆海事局、东疆海事局 |
| 其他 | 严格按照日常及节假日应急值守工作要求开展应急值守 | 指挥中心 | 南疆海事局、东疆海事局 |
| 评估结果 | 风险等级是否已降到可接受的范围 | 是 √ | 否 |
| 备注 | | | |

## 6.2 履职责任风险综合管控预案

履职责任风险综合管控预案共包括政府信息公开违法违规风险综合管控预案、信访稳定风险综合管控预案、行政诉讼败诉风险综合管控预案、统计数据不准确风险综合管控预案4个预案。

### 6.2.1 政府信息公开违法违规风险综合管控预案

#### 6.2.1.1 风险辨识

（1）辨识过程

汇总分析近年发生的政府信息公开案件，综合考量政府信息公开工作中可能遇到的问题和潜在的风险，确定政府信息公开违法违规风险为一项履职责任类风险。

（2）风险名称

政府信息公开违法违规风险。

（3）风险描述

未有效履行政府信息公开工作职责造成严重社会影响，违反法定职责或程序提供或公开政府信息。

（4）风险分类

履职责任类。

（5）风险存在范围

局属单位、机关各部门。

#### 6.2.1.2 风险评估

（1）风险评估表

政府信息公开违法违规风险评估表如表6.13所示。

## 表6.13 政府信息公开违法违规风险评估表

评估单位、部门：法规规范处　　　　　　　　　　　　评估日期：2019年5月

| 风险名称 | 政府信息公开违法违规风险 |
|---|---|
| 风险描述 | 未有效履行政府信息公开工作职责造成严重社会影响，违反法定职责或程序提供或公开政府信息 |
| 分类（五类） | 履职责任类 |
| 风险存在范围 | 局属单位、机关各部门 |
| 风险事件可能发生位置或岗位 | 政府信息公开管理岗位；制作、保存政府信息的其他岗位 |
| 可能发生的风险事件 | ① 公开不应当公开的政府信息造成严重社会影响的。<br>② 由政府信息公开引起行政诉讼败诉的。<br>③ 未建立健全政府信息发布保密审查机制的。<br>④ 违反规定收取费用的。<br>⑤ 通过其他组织、个人以有偿方式提供政府信息的。<br>⑥ 不依法履行政府信息公开义务的。<br>⑦ 不及时更新公开的政府信息内容、指南和目录的。<br>⑧ 政务公开内容不全面、公开主体不明确的。<br>⑨ 未按照规定的时限进行主动公开、公开信息保存期限不符合规定的。<br>⑩ 公开的海事执法结果信息错误、不准确或弄虚作假、对错误信息不进行及时更正的 |

可能性（$L$）

| 极易(4) | 易(3) | 可能(2) | 不大可能(1) | 2 |
|---|---|---|---|---|

后果严重程度（$C$）

| 特别严重(4) | 严重(3) | 较严重(2) | 不严重(1) | 3 |
|---|---|---|---|---|

续表

| 风险名称 | | 政府信息公开违法违规风险 |
|---|---|---|
| 风险度（$D=LC$） | | |
| 重大<br>($D \geqslant 4$) | 一般<br>($D < 4$) | 6 |

（2）确定风险等级

经2019年7月18日局防范化解重大风险工作领导小组会审议和2019年8月22日局党组会审定，确定"政府信息公开违法违规风险"为局重大风险。

#### 6.2.1.3 风险分析

（1）危害性分析

目前，越来越多的政府信息公开案件涉及与民生密切相关的征地拆迁、劳动和社会保障、国土资源和环境保护等领域，就近年来处理的政府信息依申请公开案件中，有涉及船员与雇佣公司合同纠纷的，有非政府组织雇员监督法律法规实施情况的，有寻求海事调查过程中证据为诉讼依据的。可见，海事部门在履职过程中涉及的政府信息公开问题越来越受到管理相对方的重视。杜绝不依法履行政府信息公开职责、不及时更新政府信息公开内容，政府信息公开工作可能引发的行政复议、行政诉讼风险必须引起高度重视。

（2）致险因素分析

① 没有及时跟踪了解并掌握上级有关政府信息公开的相关规定和要求，对于本单位、部门职责范围内应主动公开的信息在认识上存在偏差和不足。

② 未根据本单位实际，制定切实可行的政府信息公开工作制度。

③ 未有效保存本单位、部门职责范围内制作的政府信息。

④ 未及时、有效地更新政府信息公开目录。

⑤ 政府信息发布过程中的审核机制不健全。

⑥ 未有效建立、维护政府网站中政府信息公开栏目内容，未及时在规定的载体和途径公开政府信息。

⑦ 兼职政府信息公开管理人员理论和实际工作能力不足。

⑧ 政府信息公开方面培训的频度和力度不够。

（3）相关指导性文件

《中华人民共和国政府信息公开条例》。

#### 6.2.1.4 风险防控措施

政府信息公开违法违规风险防控措施如表6.14所示。

表6.14 政府信息公开违法违规风险防控措施

| 措施分类 | | 降低风险可能性的防控措施 | 指导部门 | 执行单位/部门 |
|---|---|---|---|---|
| 事前防范 | 加强新条例贯彻学习，健全政府信息公开工作机制 | 以学习贯彻新条例为契机，加大对新条例内容的培训、学习力度 | 办公室 | 局属各单位、机关各部门 |
| | | 按照上级政府信息公开工作的最新要求，逐步健全完善政府信息公开工作机制 | 办公室 | 局属各单位、机关各部门 |
| | 对照梳理工作职责，合理调整公开目录内容 | 按照工作机制，重新梳理各单位、部门职责及上级相关规定，及时、合理调整局政府信息公开，主动公开目录内容 | 办公室 | 局属各单位、机关各部门 |
| | 改进政府网站栏目设置，充分发挥第一平台效能 | 对照公开目录内容，及时改进局政府网站主动公开栏目设置，畅通依申请公开渠道，充分发挥作为政府信息公开第一平台的功能和作用 | 办公室、宣传处 | 局属各单位、机关各部门 |
| | | 合理区分政务公开和政府信息公开工作的异同，有效整合政府网站信息资源 | 办公室、法规处 | 局属各单位、机关各部门 |
| | 逐步建立兼职管理队伍，保证工作持续有效开展 | 明确机关各部门一名兼职政府信息公开管理人员，明确局属单位办公室一名兼职政府信息公开管理人员 | 办公室 | 局属各单位、机关各部门 |
| | | 建立政府信息公开工作交流群，利用协同办公室资源加强兼职政府信息公开工作人员的信息交流，保证工作持续有效开展 | 办公室 | 局属各单位、机关各部门 |
| | 合理制定考核指标，定期抽查保证信息公开质量 | 充分考虑政府信息公开工作权重，制定便于操作的量化考核指标，保证工作有效开展 | 办公室 | 办公室、局属各单位 |

续表

| 措施分类 | | 降低风险可能性的防控措施 | 指导部门 | 执行单位/部门 |
|---|---|---|---|---|
| 事前防范 | 合理制定考核指标，定期抽查保证信息公开质量 | 定期抽查各单位、部门主动公开信息质量，保证主动公开信息的准确性和完整性 | 办公室 | 局属各单位、机关各部门 |
| 事中处置 | 按照工作程序及时处理政府信息，依申请公开案件 | 依照各单位制定的工作程序，及时处理申请人提交的政府信息公开申请。在与申请人充分沟通的基础上，明确申请信息的具体内容，为后续处理公开申请奠定基础 | 办公室 | 局属各单位、机关各部门 |
| | | 按照申请信息内容分析研判是否属于政府信息公开工作范畴，是否属于本单位职责范畴，属于哪一部门职责范畴 | 办公室 | 局属各单位、机关各部门 |
| | | 在工作具体要求时限内，完成内部审批流程和告知文书制作 | 办公室 | 局属各单位、机关各部门 |
| 事后总结 | 归档相关材料，总结经验不足 | 按照档案归档要求，及时全面收集政府信息公开案件的全部材料，按时规范完整的档案归档备查，避免在后续可能引起的争议中无据可查 | 办公室 | 办公室、局属各单位 |
| | | 对政府信息公开处理过程中存在的问题，及时组织兼职信息公开工作人员进行总结分析，找准原因，提出改进、解决的对策 | 办公室 | 办公室、局属各单位 |
| | 健全工作机制，持续有效推进 | 按照分析研判的解决办法，及时调整修改各单位政府信息公开工作机制，健全完善相关规定，保证工作持续有效开展 | 办公室 | 办公室、局属各单位 |
| 评估结果 | | 风险等级是否已降到可接受的范围 | 是 √ | 否 |
| 备注 | | | | |

## 6.2.2 信访稳定风险综合管控预案

### 6.2.2.1 风险辨识

（1）辨识过程

汇总分析近年发生的信访案件，综合考量信访工作中可能遇到的问题和潜在的风险，确定信访稳定风险为一项履职责任类风险。

（2）风险名称

信访稳定风险。

（3）风险描述

未有效履行信访工作职责造成严重社会影响，违反法定职责或程序侵害信访人合法权益。

（4）风险分类

履职责任类。

（5）风险存在范围

局属单位、机关各部门。

### 6.2.2.2 风险评估

（1）风险评估表

信访稳定风险评估表如表6.15所示。

表6.15 信访稳定风险评估表

评估单位、部门：法规规范处　　　　　　　　评估日期：2019年5月

| 风险名称 | 信访稳定风险 |
| --- | --- |
| 风险描述 | 未有效履行信访工作职责造成严重社会影响，违反法定职责或程序侵害信访人合法权益 |
| 分类（五类） | 履职责任类 |
| 风险存在范围 | 局属单位、机关各部门 |
| 风险事件可能发生的位置或岗位 | 信访管理岗位、信访反映问题涉及的岗位 |
| 可能发生的风险事件 | ① 隐瞒、谎报、缓报或者授意他人隐瞒、谎报、缓报可能造成社会影响的重大、紧急信访事项和信访信息，造成严重后果的。 |

续表

| 风险名称 | 信访稳定风险 |
| --- | --- |
| 可能发生的风险事件 | ② 应当作为而不作为，侵害信访人合法权益的。<br>③ 适用法律法规错误或者违反法定程序，侵害信访人合法权益的。<br>④ 打击报复信访人，构成犯罪的。<br>⑤ 对收到的信访事项未按规定登记、转送、交办或未履行督办职责的 |
| 可能性（L） | |
| 极易(4)　易(3)　可能(2)　不大可能(1) | 2 |
| 后果严重程度（C） | |
| 特别严重(4)　严重(3)　较严重(2)　不严重(1) | 4 |
| 风险度（D=LC） | |
| 重大($D \geq 4$)　一般($D < 4$) | 8 |

（2）确定风险等级

经2019年7月18日局防范化解重大风险工作领导小组会审议和2019年8月22日局党组会审定，确定"信访稳定风险"为局重大风险。

### 6.2.2.3　风险分析

（1）危害性分析

近年来，一些矛盾和问题通过信访渠道反映出来，如果不能及时、全面、准确地了解和掌握上级有关信访稳定方面的政策和要求，不能准确把握本单位、部门职责边界和工作程序，极易造成适用法律、法规错误或违反法定程序等情况的发生。上述情况如若侵害了信访人合法权益，将引发行政诉讼案件乃至刑事案件，更严重者甚至会被追究刑事责任。

（2）致险因素分析

① 没有及时跟踪、了解、掌握上级信访稳定相关规定要求，对于本单位、部门职责理解存在偏差。

② 未根据本单位实际制定切实可行的信访工作制度。

③ 未有效开展信访稳定风险排查，未及时了解、掌握本单位存在的信访风险源。

④ 未对存在的和可能存在的信访风险进行分析研判，未制定有针对性的风险防控预案。

⑤ 信访工作人员配备不充足，信访工作人员处理信访事件的能力和水平有限。

⑥ 信访方面培训的频度和力度不够。

⑦ 信访专项资金缺乏，奖惩机制缺乏。

#### 6.2.2.4　风险防控措施

信访稳定风险防控措施如表6.16所示。

表6.16　信访稳定风险防控措施

| 措施分类 | | 降低风险可能性的防控措施 | 指导部门 | 执行单位/部门 |
| --- | --- | --- | --- | --- |
| 事前防范 | 加强学习领会，完善工作制度 | 充分利用参加会议和培训的机会，及时了解、掌握上级有关信访工作的最新要求，并及时学习、领会、传达、贯彻 | 办公室 | 局属各单位、机关各部门 |
| | 加强学习领会，完善工作制度 | 通过走访、调研直属海事兄弟单位及天津市相关单位，学习借鉴先进管理经验和完善的工作制度，结合工作实际，完善信访工作制度 | 办公室 | 局属各单位、机关各部门 |
| | 畅通工作渠道，注重排查效果 | 通过政府网站及局协同办公等平台，建立对内、对外的信访工作渠道，及时获取、了解外部管理相对人及内部职工的心声和诉求 | 办公室 | 办公室、局属各单位 |
| | 畅通工作渠道，注重排查效果 | 注重信访风险排查的广度和深度，及时掌握风险源的最新动向，以便有针对性地开展工作；有效传递信息，做好重点时段的信访零报告工作 | 办公室 | 局属各单位、机关各部门 |

续表

| 措施分类 | | 降低风险可能性的防控措施 | 指导部门 | 执行单位/部门 |
|---|---|---|---|---|
| 事前防范 | 构筑工作格局,形成工作团队 | 积极构建直属局与所属单位之间的两级工作格局,加强直属局对所属单位信访工作的指导、督导和检查力度 | 办公室 | 局属各单位、机关各部门 |
| | | 在直属局层面,建立由办公室归口负责,纪检处和法规处分别负责,其他部门协同配合的工作队伍;在所属单位层面,建立由办公室具体工作人员、办公室分管主任、分管局领导(主任)组成的信访工作团队。有效应对和处理可能发生的信访事件 | 办公室 | 局属各单位、机关各部门 |
| | 丰富培训内容,提高履职能力 | 充分利用办公室专项培训机会和网络教育培训资源,在条件允许的情况下尽量扩大培训覆盖面;借鉴已有信访案例的成功工作经验,更具针对性地提高参培人员的依法依规履职能力 | 办公室 | 局属各单位、机关各部门 |
| | 制定防控预案,量化考核指标 | 分析研判历年信访事件,对可能出现的信访事件制定有针对性的防控预案;细化工作考核指标内容,合理激发信访工作热情 | 办公室 | 办公室、局属各单位 |
| 事中处置 | 积极应对,严格落实工作制度 | 严格执行各单位建立的信访工作制度,遵守工作纪律要求,积极应对发生的信访事件 | 办公室 | 局属各单位、机关各部门 |
| | | 及时、准确地了解信访事件的内容及信访人的诉求,为后续有效开展工作奠定基础 | 办公室 | 局属各单位、机关各部门 |

续表

| 措施分类 | | 降低风险可能性的防控措施 | 指导部门 | 执行单位/部门 |
|---|---|---|---|---|
| 事中处置 | 启动预案，制定必要工作方案 | 及时启动信访工作预案，并根据事件的实际情况合理编制信访工作方案 | 办公室 | 办公室、局属各单位 |
| | | 按照职责分工，积极开展工作，妥善处理信访事件，尽量化解矛盾冲突 | 办公室 | 办公室、局属各单位 |
| | 畅通信息，寻求必要法律援助 | 及时汇报、通报信访事件进展，保障信息准确、畅通；对超出职责或存在分歧争议的问题，发挥律师等专业人员的优势，及时寻求必要的法律援助 | 办公室、法规处 | 局属各单位、机关各部门 |
| | 执行程序，保证规范开展工作 | 严格按照工作程序，规范文书、印章使用，保证工作规范开展 | 办公室、法规处 | 局属各单位、机关各部门 |
| 事后总结 | 全面收集材料，务求规范完整 | 按照档案归档要求，及时全面收集信访事件的全部材料，按时规范完整的档案归档备查，避免在后续可能引起的争议中无据可查 | 办公室 | 局属各单位、机关各部门 |
| | 总结经验不足，分析存在原因 | 对信访事件处理过程中存在的问题，及时组织信访工作人员进行总结分析，找准原因，提出改进、解决的对策 | 办公室 | 局属各单位、机关各部门 |
| | 健全信访机制，持续有效推进 | 按照分析研判的解决办法，及时调整修改信访工作机制，健全完善相关规定，保证信访工作持续有效开展 | 办公室 | 局属各单位、机关各部门 |
| 评估结果 | | 风险等级是否已降到可接受的范围 | 是 √ | 否 |
| 备注 | | | | |

## 6.3 内部安全风险综合管控预案

内部安全风险综合管控预案共包括极端自然灾害造成内部安全风险综合管控预案、火情（火警）风险综合管控预案、车辆事故风险综合管控预案、公务船舶重大责任事故风险综合管控预案、信息设备或终端发生病毒传播风险综合管控预案、重要信息系统中断风险综合管控预案6个预案。

### 6.3.1 极端自然灾害造成内部安全风险综合管控预案

#### 6.3.1.1 风险辨识

（1）辨识过程

通过对历年内部安全管理的总结，依据《天津市自然灾害救助应急预案》，经综合辨识，确认"极端自然灾害造成内部安全风险"是一项内部安全类风险。

（2）风险名称

极端自然灾害造成内部安全风险。

（3）风险描述

因台风（冬季季风）造成的建筑物倒塌、建筑物部分脱落、船舶车辆受损；因暴雨（风暴潮、雷电）造成的建筑物进水被淹、船舶车辆受损。

（4）风险分类

内部安全类。

（5）风险存在范围

局属各单位、机关各部门。

#### 6.3.1.2 风险评估

（1）风险评估表

极端自然灾害造成内部安全风险评估表如表6.17所示。

### 表6.17 极端自然灾害造成内部安全风险评估表

评估单位、部门：基建装备处　　　　　　　　　　评估日期：2019年10月

| 风险名称 | 极端自然灾害造成内部安全风险 |
|---|---|
| 风险描述 | 因台风（冬季季风）造成的建筑物（或树木）倒塌、建筑物（或树木）部分脱落、船舶车辆受损；因暴雨（风暴潮、雷电）造成的建筑物进水被淹、船舶车辆受损 |
| 分类 | 内部安全类 |
| 风险存在范围 | 局属各单位、机关各部门 |
| 风险事件可能发生位置或岗位 | 所有岗位 |
| 可能发生的风险事件 | ① 因台风（冬季季风）造成的建筑物（或树木）倒塌。② 因台风（冬季季风）建筑物（或树木）部分脱落。③ 因台风（冬季季风）船舶车辆受损。④ 因暴雨（风暴潮、雷电）造成的建筑物进水被淹、船舶车辆受损 |

| 可能性（$L$） ||||  |
|---|---|---|---|---|
| 极易(4) | 易(3) | 可能(2) | 不大可能(1) | 2 |

| 后果严重程度（$C$） ||||  |
|---|---|---|---|---|
| 特别严重(4) | 严重(3) | 较严重(2) | 不严重(1) | 3 |

| 风险度（$D=LC$） |||
|---|---|---|
| 重大($D \geq 4$) | 一般($D < 4$) | 6 |

（2）确定风险等级

根据评估结果，经2019年7月18日局防范化解重大风险工作领导小组会审议和2019年8月22日局党组会审定，确定"极端自然灾害造成内部安全风险"为局重大风险。

### 6.3.1.3 风险分析

（1）危害性分析

人命安全是内部安全管理的重中之重。近几年恶劣天气频发，每年约有十余个台风对我国产生影响，虽然进入渤海的不多，但不能因此放松警惕，应建立应急预案和管理制度。台风过境，威力巨大。冬季的西北季风对天津影响很大，且持续时间较长，有很强的破坏力，大风会造成建筑物倒塌、建筑物部分脱落、船舶车辆受损。天津市地势较低，特别是滨海新区，受暴雨、风暴潮影响较大，易造成建筑物进水被淹、船舶车辆受损。

（2）致险因素分析（从人、设施设备、环境、监管等方面进行全面分析）

① 人的因素：预防自然灾害是一个长期工作，在思想上稍有放松就会出问题，所以培训极为重要，要警钟长鸣。主要因素有低估事故概率，认为发生自然灾害是少数，不会出现在自己身上；不及时收听收看天气预报，灾害来临手忙脚乱。

② 自然因素：自然灾害不可控，只能预防，应急预案极为重要。

③ 管理因素：不制定安全制度，责任不到人；放松监管，长期不进行安全检查，发现隐患不整改；应急物资器材设备设施不按规定配备；对应急物资设备设施管理不善，私自挪用，出现丢失、变质；事故发生后隐瞒不报，不处理当事人等；不对职工开展安全教育、安全培训，不进行应急演练。

④ 领导因素：领导不重视，特别是单位主要领导不重视内部安全工作，放松管理。

（3）相关指导性文件

《天津市自然灾害救助应急预案》。

### 6.3.1.4 风险防控措施

极端自然灾害造成内部安全风险防控措施如表6.18所示。

**表6.18 极端自然灾害造成内部安全风险防控措施**

| 措施分类 | | 降低风险可能性的防控措施 | 指导部门 | 执行单位/部门 |
|---|---|---|---|---|
| 综合措施 | 提高站位，强化责任担当 | 提高站位，牢固树立安全发展理念。严格落实"管行业必须管安全、管业务必须管安全、管生产经营必须管安全"的要求 | 基装处、后勤管理中心 | 各分支局、交管中心、船考中心及后勤管理中心 |

续表

| 措施分类 | | 降低风险可能性的防控措施 | 指导部门 | 执行单位/部门 |
|---|---|---|---|---|
| 综合措施 | 提高站位，强化责任担当 | 加强组织领导，成立专门的领导机构。各单位根据实际情况确定主要负责的领导，指定负责的部门 | 基装处、后勤管理中心 | 各分支局、交管中心、船考中心及后勤管理中心 |
| | | 明确责任分工，做到逐级落实。各项工作任务分工责任落实到人，做到分工明确，逐级落实 | 基装处、后勤管理中心 | 各分支局、交管中心、船考中心及后勤管理中心 |
| | | 建立相应的工作机制，制定具体的实施方案 | 基装处、后勤管理中心 | 各分支局、交管中心、船考中心及后勤管理中心 |
| | 抓牢源头管理，强化主体责任 | 严格落实责任制，层层签订责任书，将责任落实到人，建立符合实际的管理规章制度。任命一名专（兼）职安全员，负责日常工作 | 基装处、后勤管理中心 | 各分支局、交管中心、船考中心及后勤管理中心 |
| | | 严禁漏报瞒报，采取有效的处罚或惩戒措施 | 基装处、后勤管理中心 | 各分支局、交管中心、船考中心及后勤管理中心 |
| | 强化隐患排查，实施闭环管理 | 梳理本单位、部门特点，掌握本单位易发生自然灾害的部位，建立应急机制。要求做好检查记录 | 基装处、后勤管理中心 | 各分支局、交管中心、船考中心及后勤管理中心 |
| | | 加强对高层建筑、危旧建筑、处于低洼建筑、地下室及地下车库等重点区域的管理，备足应急物资设备设施，明确责任人 | 基装处、后勤管理中心 | 各分支局、交管中心、船考中心及后勤管理中心 |
| | | 加强对应急物资设备设施日常的管理，加强检查，做到随时可用 | 基装处、后勤管理中心 | 各分支局、交管中心、船考中心及后勤管理中心 |
| | 强化培训，提高安全意识 | 加强对职工的安全培训、应急演练，做到会熟练使用应急物资设备设施 | 基装处、后勤管理中心 | 各分支局、交管中心、船考中心及后勤管理中心 |

续表

| 措施分类 | | 降低风险可能性的防控措施 | 指导部门 | 执行单位/部门 |
|---|---|---|---|---|
| 综合措施 | 自查、互查、督查共举 | 预防自然灾害工作以自查为主，结合单位间的互查，互相学习互相提高 | 基装处、后勤管理中心 | 各分支局、交管中心、船考中心及后勤管理中心 |
| | | 结合安全考评工作，实施定期监督检查和不定期的抽查 | 基装处、后勤管理中心 | 各分支局、交管中心、船考中心及后勤管理中心 |
| | 完善应急处置方案，建立长效机制 | 研究自然灾害可能存在的事故风险，有针对性地制定应急反应预案，畅通信息沟通渠道，确保在发生事故时能够快速反应 | 基装处、后勤管理中心 | 各分支局、交管中心、船考中心及后勤管理中心 |
| | | 进一步强化应急能力建设，不断完善应急物资设备设施，做到出现事故时能够实现快速、有效处置 | 基装处、后勤管理中心 | 各分支局、交管中心、船考中心及后勤管理中心 |
| | | 定期预对防自然灾害工作进行总结、评估，推动形成长效工作机制 | 基装处、后勤管理中心 | 各分支局、交管中心、船考中心及后勤管理中心 |
| | 对应急物资设备设施加强维护保养 | 按要求配备足够的应急物资设备设施，并加强检查和保养 | 基装处、后勤管理中心 | 各分支局、交管中心、船考中心及后勤管理中心 |
| | | 对应急物资设备设施加强维护保养 | 基装处、后勤管理中心 | 各分支局、交管中心、船考中心及后勤管理中心 |
| 专项工作 | 对关键时段重要时期加强管理 | 在"汛期""春夏季"等重要时段，加强对天气预报的收听收看 | 基装处、后勤管理中心 | 各分支局、交管中心、船考中心及后勤管理中心 |
| | | 在"汛期""春夏季"来临之前，对所有的应急物资设备设施进行一次集中检查，查缺补漏 | 基装处、后勤管理中心 | 各分支局、交管中心、船考中心及后勤管理中心 |

续表

| 措施分类 | | 降低风险可能性的防控措施 | 指导部门 | 执行单位/部门 |
|---|---|---|---|---|
| 专项工作 | 对关键时段重要时期加强管理 | 当天津市发布灾害预警时，相关人员要及时更新天气预报，做好启动应急预案的准备，确保安全 | 基装处、后勤管理中心 | 各分支局、交管中心、船考中心及后勤管理中心 |
| | 按照上级文件要求开展的专项活动 | 按照上级的文件要求，在全局内开展防灾减灾专项活动 | 基装处、后勤管理中心 | 各分支局、交管中心、船考中心及后勤管理中心 |
| 评估结果 | | 风险等级是否已降到可接受的范围 | 是 √ | 否 |
| 备注 | | | | |

## 6.3.2 火情（火警）风险综合管控预案

### 6.3.2.1 风险辨识

（1）辨识过程

通过对历年内部安全管理的总结，依据《中华人民共和国消防法》，经综合辨识，确认"火情（火警）"是一项内部安全类风险。

（2）风险名称

火灾（火警）风险。

（3）风险描述

因电气设备短路起火、电气设备（接线板）超负荷起火，引燃周围物品，造成火情（火警）；堆积过多易燃物可燃物，造成自燃，引发火情（火警）；在室内、地下车库对电动车进行充电，引发火情（火警）。

（4）风险分类

内部安全类。

（5）风险存在范围

局属各单位、机关各部门。

### 6.3.2.2 风险评估

（1）风险评估表

火情（火警）风险评估表如表6.19所示。

## 表6.19 火情（火警）风险评估表

评估单位、部门：基建装备处  评估日期：2019年4月

| 风险名称 | | | | 火情（火警）风险 |
|---|---|---|---|---|
| 风险描述 | | | | 因电气设备短路起火、电气设备（接线板）超负荷起火，引燃周围物品，引发火情（火警）；堆积过多易燃物可燃物，造成自燃，引发火情（火警）；在室内、地下车库对电动车进行充电，造成火情（火警） |
| 分类 | | | | 内部安全类 |
| 风险存在范围 | | | | 局属各单位、机关各部门 |
| 风险事件可能发生位置或岗位 | | | | 所有岗位 |
| 可能发生的风险事件 | | | | ① 电气设备、线路老化引起的火情（火警）。<br>② 电器使用不当引起的火情（火警）。<br>③ 乱丢烟头等引起的火情（火警）。<br>④ 燃气设备使用不当引起的火情（火警）。<br>⑤ 火情出现后，灭火操作失误引起的火警 |
| 可能性（$L$） | | | | |
| 极易(4) | 易(3) | 可能(2) | 不大可能(1) | 2 |
| 后果严重程度（$C$） | | | | |
| 特别严重(4) | 严重(3) | 较严重(2) | 不严重(1) | 3 |
| 风险度（$D=LC$） | | | | |
| 重大($D \geqslant 4$) | | 一般($D < 4$) | | 6 |

（2）确定风险等级

根据评估结果，经2019年7月18日局防范化解重大风险工作领导小组会

审议和2019年8月22日局党组会审定,确定"火情(火警)"为局重大风险。

#### 6.3.2.3 风险分析

(1) 危害性分析

人生命安全是内部安全管理的重中之重。随着社会的进步,办公设备大量使用,用电量大增,办公场所经过多年使用存在电线老化、超负荷等问题,易引起火灾;办公场所存放了大量的易燃物品(例如纸张),易引起火灾;装修改造中违规动火;火灾报警设备老化失效。一旦发生火灾,容易造成事故发生,会产生重大社会影响。

(2) 致险因素分析

① 人的因素。火灾防控是一个长期工作,在思想上稍有放松就会出问题,所以安全培训极为重要,要警钟长鸣。低估事故概率,认为发生火灾的是少数,不会出现在自己身上;超线路负荷使用电器等;违规用电用火。

② 设备设施因素。所有电气设备均有使用寿命、使用环境要求,设备老化后,极易发生起火自燃,特别是24h工作的电气设备。

③ 监管。不制定安全制度,责任落实不到人;放松监管,长期不进行安全检查,发现隐患不整改;事故发生后隐瞒不报,不处理当事人等;不对职工开展安全教育、安全培训,不进行应急演练。

④ 领导因素。领导不重视,特别是单位主要领导不重视内部安全工作,放松管理。

(3) 相关指导性文件

①《中华人民共和国安全生产法》。

②《中华人民共和国消防法》。

#### 6.3.2.4 风险防控措施

火情(火警)风险防控措施如表6.20所示。

表6.20 火情(火警)风险防控措施

| 措施分类 | | 降低风险可能性的防控措施 | 指导部门 | 执行单位/部门 |
| --- | --- | --- | --- | --- |
| 综合措施 | 提高站位,强化责任担当 | 提高站位,牢固树立安全发展理念。严格落实"管行业必须管安全、管业务必须管安全、管生产经营必须管安全"的要求 | 基装处 | 局属各单位、机关各部门及后勤管理中心 |

续表

| 措施分类 | | 降低风险可能性的防控措施 | 指导部门 | 执行单位/部门 |
|---|---|---|---|---|
| 综合措施 | 提高站位，强化责任担当 | 加强组织领导，成立专门的领导机构。各单位根据实际情况确定主要负责的领导，指定负责的部门 | 基装处 | 局属各单位、交管中心、船考中心及后勤管理中心 |
| | | 明确责任分工，做到逐级落实。各项工作任务分工责任落实到人，做到分工明确，逐级落实 | 基装处 | 局属各单位、机关各部门及后勤管理中心 |
| | | 建立相应的工作机制，制定具体的实施方案 | 基装处 | 局属各单位、交管中心、船考中心及后勤管理中心 |
| | 抓牢源头管理，强化主体责任 | 严格落实责任制，层层签订责任书，将责任落实到人，建立符合实际的管理规章制度。任命一名专（兼）职安全员，负责日常安全功能工作 | 基装处 | 局属各单位、机关各部门及后勤管理中心 |
| | | 严禁漏报瞒报，采取有效的处罚或惩戒措施 | 基装处 | 局属各单位、机关各部门及后勤管理中心 |
| | 强化隐患排查，实施闭环管理 | 梳理本单位、部门特点，掌握本单位易发生火灾（火警）部位，建立检查机制。要求做好检查记录 | 基装处 | 局属各单位、机关各部门及后勤管理中心 |
| | | 加强日常的安全检查，加强对安全隐患的整改，整改后再进行检查，做到良性循环，要掐断事故链，将事故消除在萌芽状态 | 基装处 | 局属各单位、机关各部门及后勤管理中心 |
| | | 对重大隐患实行挂牌督办，降低重大事故风险 | 基装处 | 局属各单位、机关各部门及后勤管理中心 |

续表

| 措施分类 | | 降低风险可能性的防控措施 | 指导部门 | 执行单位/部门 |
|---|---|---|---|---|
| 综合措施 | 强化隐患排查，实施闭环管理 | 对检查中反复出现的问题，要认真分析原因，从根本上查找原因，对涉及的人员，该给处分的绝不能手软 | 基装处 | 局属各单位、机关各部门及后勤管理中心 |
| | 强化培训，提高安全意识 | 加强对职工的安全培训、应急演习演练 | 基装处 | 局属各单位、机关各部门及后勤管理中心 |
| | 自查、互查、督查共举 | 防火安全以自查为主，结合单位间的互查，互相学习，共同提高 | 基装处 | 局属各单位、机关各部门及后勤管理中心 |
| | | 结合安全考评工作，实施定期监督检查和不定期的抽查 | 基装处 | 局属各单位、交管中心、船考中心及后勤管理中心 |
| | 完善应急处置方案，建立长效机制 | 研究可能存在的火灾事故风险，有针对性地制定应急反应预案，畅通信息沟通渠道，确保在发生事故时能够快速反应 | 基装处 | 局属各单位、交管中心、船考中心及后勤管理中心 |
| | | 进一步强化应急能力建设，不断完善救生等应急设备设施，做到出现事故时能够实现快速、有效处置 | 基装处 | 局属各单位、交管中心、船考中心及后勤管理中心 |
| | | 定期对防火工作进行总结、评估，推动形成长效工作机制 | 基装处 | 局属各单位、机关各部门及后勤管理中心 |
| | 对消防设备加强维护保养 | 按要求配备足够的消防器材，并加强检查和保养 | 基装处 | 局属各单位、机关各部门及后勤管理中心 |
| | | 对于高层建筑，配备足够的火灾逃生面罩，进行必要的演练 | 基装处 | 局属各单位、机关各部门及后勤管理中心 |

续表

| 措施分类 | | 降低风险可能性的防控措施 | 指导部门 | 执行单位/部门 |
|---|---|---|---|---|
| 专项工作 | 对关键时段重要时期加强管理 | 在"两会""国庆"等重要时段,加大监督检查力度 | 基装处 | 局属各单位、机关各部门及后勤管理中心 |
| | | 在"二十大"等关键时间段,加大监督检查力度 | 基装处 | 局属各单位、机关各部门及后勤管理中心 |
| | | 事前发安全提示,提前开展全局内安全大检查,消除隐患,确保安全 | 基装处 | 局属各单位、机关各部门及后勤管理中心 |
| | 按照上级文件要求开展的专项活动 | 按照上级的文件要求,在全局内开展专项检查 | 基装处 | 局属各单位、机关各部门及后勤管理中心 |
| 评估结果 | | 风险等级是否已降到可接受的范围 | 是 √ | 否 |
| 备注 | | | | |

## 6.3.3 车辆事故风险综合管控预案

### 6.3.3.1 风险辨识

(1)辨识过程

通过对车辆事故风险的辨识,依据《中华人民共和国道路交通安全法》《天津市道路交通安全管理若干规定》和《天津市道路交通安全防范责任制规定》等相关法律法规的要求,确认"车辆事故风险"是一项内部安全类风险。

(2)风险名称

车辆事故风险。

(3)风险描述

车辆存在碰撞、火灾等事故风险,可能引起事故,产生较大社会影响。且一旦发生事故,由于班车车辆上人员较多,事故救援难度大。

（4）风险分类

内部安全类。

（5）风险存在范围

各分支局、交管中心、船考中心和后勤管理中心。

### 6.3.3.2 风险评估

（1）风险评估表

车辆事故风险评估表如表6.21所示。

表6.21 车辆事故风险评估表

评估单位、部门：后勤管理中心　　　　　　　　　　　评估日期：2019年10月

| 风险名称 | | | | 车辆事故风险 |
|---|---|---|---|---|
| 风险描述 | | | | 各分支局、交管中心、船考中心和后勤管理中心车辆存在碰撞、火灾等事故风险，可能引起事故，产生较大社会影响。且一旦发生事故，由于班车车辆上人员较多，事故救援难度大 |
| 分类（五类） | | | | 内部安全类 |
| 风险存在范围 | | | | 各分支局、交管中心、船考中心和后勤管理中心 |
| 风险事件可能发生位置或岗位 | | | | 各分支局、交管中心、船考中心和后勤管理中心车辆和驾驶员 |
| 可能发生的风险事件 | | | | ① 车辆单方碰撞，无人员事故风险。<br>② 车辆单方碰撞，有人员事故风险。<br>③ 车辆双方或多方碰撞，无人员事故风险。<br>④ 车辆双方或多方碰撞，有人员事故风险 |
| 可能性（$L$） | | | | |
| 极易(4) | 易(3) | 可能(2) | 不大可能(1) | 2 |
| 后果严重程度（$C$） | | | | |
| 特别严重(4) | 严重(3) | 较严重(2) | 不严重(1) | 3 |
| 风险度（$D=LC$） | | | | |
| 重大 ($D \geq 4$) | | 一般 ($D < 4$) | | 6 |

（2）确定风险等级

根据评估结果，经2019年7月18日局防范化解重大风险工作领导小组会审议和2019年8月22日局党组会审定，确定"车辆事故风险"为局重大风险。

#### 6.3.3.3 风险分析

（1）危害性分析

大客车载客超员会造成车辆过重，制动性能降低，制动距离延长。同时超过车辆限定的载客人数后，乘车人员不能在车辆设定的座位就座，乘客的危险系数增大，乘车空间狭小使车厢内人员拥挤，发生交通事故时造成的损害也将加大。

据有关部门调查统计，机动车超速行驶已成为众多交通事故的一大诱因。车辆速度越快，发生交通事故的概率越大。

违法超载还会严重危及行车安全，严重超载会造成爆胎，引起车辆突然偏驶。超载还严重影响汽车转向性能，造成转向沉重，容易造成翻车事故。

（2）致险因素分析

① 人的因素。车辆事故防控是一个长期工作，在思想上稍有放松就会出问题，所以安全培训极为重要，要警钟长鸣。低估事故概率，认为发生车辆事故的是少数，不会出现在自己身上；超速超载；违规使用报废车辆上路。

② 车辆老化。车辆是有使用寿命的，老化后极易发生事故，因此日常的维护保养极为重要。

③ 监管。不制定安全制度，责任落实不到人；放松监管，长期不进行车辆检查，发现隐患不整改；事故发生后隐瞒不报，不处理当事人等；不对职工开展安全教育、安全培训，不进行应急演练。

④ 领导因素。领导不重视，特别是单位主要领导不重视车辆安全工作，放松管理。

（3）相关指导性文件

①《中华人民共和国道路交通安全法》。

②《天津市道路交通安全管理若干规定》。

③《天津市道路交通安全防范责任制规定》。

#### 6.3.3.4 风险防控措施

车辆事故风险防控措施如表6.22所示。

表6.22 车辆事故风险防控措施

| 综合措施 | 降低风险可能性的防控措施 | 指导部门 | 执行单位/部门 |
|---|---|---|---|
| 提高站位，强化责任担当 | 提高站位，牢固树立安全发展理念。严格落实"管行业必须管安全、管业务必须管安全、管生产经营必须管安全"的要求 | 基装处、后勤管理中心 | 各分支局、交管中心、船考中心和后勤管理中心 |
| | 加强组织领导，成立专门的领导机构。各单位根据实际情况确定主要负责的领导，指定负责的部门 | 基装处、后勤管理中心 | 各分支局、交管中心、船考中心和后勤管理中心 |
| | 明确责任分工，做到逐级落实。各项工作任务分工责任落实到人，做到分工明确，逐级落实 | 基装处、后勤管理中心 | 各分支局、交管中心、船考中心和后勤管理中心 |
| | 建立相应的工作机制，制定具体的实施方案 | 基装处、后勤管理中心 | 各分支局、交管中心、船考中心和后勤管理中心 |
| 抓牢源头管理、强化主体责任 | 梳理各类车辆特点，掌握本单位涉及车辆的详细情况，建立相应的工作档案。车辆要求"一车一档"，内容要包括相应的车辆证书保险、责任人联系方式等 | 基装处、后勤管理中心 | 各分支局、交管中心、船考中心和后勤管理中心 |
| | 严格落实安全管理体系审核、车辆现场检查、驾驶员安全教育培训、安全检查制度等方面，有效运行安全管理体系或制度 | 基装处、后勤管理中心 | 各分支局、交管中心、船考中心和后勤管理中心 |
| | 采取有效的处罚或惩戒措施。对涉及车辆在发生违法违章等问题时，采取严格的处罚或惩戒措施 | 基装处、后勤管理中心 | 各分支局、交管中心、船考中心和后勤管理中心 |
| 强化隐患排查 | 学习研究《中华人民共和国道路交通安全法》《天津市道路交通安全管理若干规定》和《天津市道路交通安全防范责任制规定》，围绕驾驶员应急处置实操能力、安全意识、车辆安全检查、车辆安全技术状况等方面，深入开展安全隐患排查 | 基装处、后勤管理中心 | 各分支局、交管中心、船考中心和后勤管理中心 |
| | 分析涉及车辆存在的安全隐患，建立相应的隐患数据库 | 基装处、后勤管理中心 | 各分支局、交管中心、船考中心和后勤管理中心 |

续表

| 综合措施 | 降低风险可能性的防控措施 | 指导部门 | 执行单位/部门 |
|---|---|---|---|
| 强化隐患排查 | 研究分析涉及车辆隐患的各类风险点，有针对性地制定防控措施 | 基装处、后勤管理中心 | 各分支局、交管中心、船考中心和后勤管理中心 |
| 强化车辆管控，提高车辆适用性 | 严格按照车辆使用说明书规定的行驶里程、保养项目和保养周期，进行日常保养、初驶保养、停驶保养、换季保养和定期保养 | 基装处、后勤管理中心 | 各分支局、交管中心、船考中心和后勤管理中心 |
| | 车辆组和安委办不定期组织普查和抽查，车辆技术状况必须达到良好标准 | 基装处、后勤管理中心 | 各分支局、交管中心、船考中心和后勤管理中心 |
| 完善应急处置方案，建立长效机制 | 研究涉及车辆可能存在的事故风险，有针对性地制定应急反应预案，畅通信息沟通渠道，确保在发生事故时能够快速反应 | 基装处、后勤管理中心 | 各分支局、交管中心、船考中心和后勤管理中心 |
| | 进一步强化应急能力建设，不断完善应急设备设施，优化社会应急资源，做到出现事故时能够实现快速、有效处置 | 基装处、后勤管理中心 | 各分支局、交管中心、船考中心和后勤管理中心 |
| | 定期评估涉及车辆措施的落实效果，不断完善相关工作措施，推动形成长效工作机制 | 基装处、后勤管理中心 | 各分支局、交管中心、船考中心和后勤管理中心 |
| 评估结果 | 风险等级是否已降到可接受的范围 | 是 √ | 否 |
| 备注 | | | |

## 6.3.4 公务船舶重大责任事故风险综合管控预案

### 6.3.4.1 风险辨识

（1）辨识过程

通过综合东疆海事局、海河海事局辨识的风险，并依据上位文件的要求，经综合辨识，确认"公务船舶重大责任事故风险"是一项内部安全类风险。

（2）风险名称

公务船舶重大责任事故风险。

（3）风险描述

所属的海巡船舶在巡航执法、应急搜救等活动中存在碰撞、搁浅、火灾等事故风险，可能引起重大资产损失等事故。恶劣天气和自然灾害造成的船舶海损、机损等。

（4）风险分类

内部安全类。

（5）风险存在范围

东疆海事局、海河海事局。

#### 6.3.4.2 风险评估

（1）风险评估表

公务船舶重大责任事故风险评估表如表6.23所示。

表6.23 公务船舶重大责任事故风险评估表

评估单位、部门：基建装备处　　　　　　　　　评估日期：2019年10月

| 风险名称 | 公务船舶重大责任事故风险 |
|---|---|
| 风险描述 | 所属的海巡船舶在巡航执法、应急搜救等活动中存在碰撞、搁浅、火灾、机损、海损等事故风险，可能引起重大资产损失等事故 |
| 分类（五类） | 内部安全类 |
| 风险存在范围 | 东疆海事局、海河海事局 |
| 风险事件可能发生位置或岗位 | 东疆海事局海巡船舶、海河海事局公务船舶 |
| 可能发生的风险事件 | ① 船舶碰撞。<br>② 船舶火灾、爆炸。<br>③ 船舶机损、海损。<br>④ 人员落水、伤害和疾病 |

| 可能性（$L$） ||||||
|---|---|---|---|---|---|
| 极易(4) | 易(3) | 可能(2) | 不大可能(1) | 2 ||

续表

| 风险名称 | | | | 公务船舶重大责任事故风险 |
|---|---|---|---|---|
| 后果严重程度（C） | | | | |
| 特别严重(4) | 严重(3) | 较严重(2) | 不严重(1) | 3 |
| 风险度（D=LC） | | | | |
| 重大 (D≥4) | | 一般 (D＜4) | | 6 |

（2）确定风险等级

根据评估结果，经2019年7月18日局防范化解重大风险工作领导小组会审议和2019年8月22日局党组会审定，确定"公务船舶重大责任事故风险"为局重大风险。

#### 6.3.4.3 风险分析

（1）危害性分析

所属的海巡船舶在开展巡航执法活动时，频繁靠离码头和备查船舶，经常航行于锚地、航道等通航密集区，应急搜救活动中还经常需要在恶劣天气航行，存在碰撞、搁浅、火灾、人员落水等事故风险，以及台风、冰冻、风暴潮等自然灾害，可能引起重大资产损失等事故。

（2）致险因素分析

公务船舶在应急搜救和通航秩序维护等活动中可能驶入浅水水域造成搁浅；遇水下不明碍航物体、暗礁等发生碰撞；在大风浪等恶劣天气航行可能碰撞码头等造成船舶损伤。

公务船舶船员配员不足、船员不适岗、疲劳驾驶、能见度不良时瞭望不到位、助航设备故障、机械故障等可能造成船舶碰撞、机损、海损事故。

公务船舶船员违规操作、防火防爆措施不到位，安全意识薄弱，老旧海巡船舶电气老化、短路、漏电维保检查不到位等容易造成海巡船舶火灾爆炸事故。

执法人员、公务船船员在上下船、登轮执法、甲板作业工程中，安全意识薄弱，劳保救生装备不齐全等造成人员伤害。

自然灾害，如风暴潮、台风、冰冻等造成机损、海损事故。

#### 6.3.4.4 风险防控措施

公务船舶重大责任事故风险防控措施如表6.24所示。

**表6.24 公务船舶重大责任事故风险防控措施**

| 措施分类 | | 降低风险可能性的防控措施 | 指导部门 | 执行单位/部门 |
|---|---|---|---|---|
| 综合措施 | 加强公务船舶制度建设 | 明确船舶各岗位职责和岸基监管责任，各项工作任务分工明确、责任落实到人，监督落实、有效反馈 | 基装处 | 海河、东疆海事局 |
| | 加强公务船舶船员培训 | 加强对公务船舶船员管理公司的监督管理，保障编制外用工船员的权益 | 基装处 | 海河、东疆海事局 |
| | | 加强编制外用工船员业务培训和制度培训，提高其履职能力和安全意识 | 基装处 | 海河、东疆海事局 |
| | | 加强对编制外用工船员的考核，将履职不到位、安全意识薄弱的船员及时退回公司 | 基装处 | 海河、东疆海事局 |
| | 加强公务船舶演习演练 | 研究公务船舶可能存在的事故风险，有针对性地制定应急反应预案，畅通信息沟通渠道，确保在发生事故时能够快速反应 | 基装处 | 海河、东疆海事局 |
| | | 进一步强化应急能力建设，不断完善救生、防污染等应急设备设施，优化应急资源，做到出现事故时能够实现快速、有效处置 | 基装处 | 海河、东疆海事局 |
| | | 定期按照应急预案开展应急演习，确保船员对应急预案熟知，演习程序科学，演习过程熟练，形成长效机制 | 基装处 | 海河、东疆海事局 |
| | 加强公务船舶安全检查 | 定期开展公务船舶救生、消防等安全设备的检查，确保设备完好有效 | 基装处 | 海河、东疆海事局 |
| | | 定期检查船员操作能力，确保船员对救生消防设备存放数量、位置清楚，使用方法正确，操作熟练 | 基装处 | 海河、东疆海事局 |

续表

| 措施分类 | 降低风险可能性的防控措施 | 指导部门 | 执行单位/部门 |
|---|---|---|---|
| 专项工作 | 要求所有驾驶员熟悉天津港及附近水域的通航环境，按照管理规范开展培训学习 | 基装处 | 海河、东疆海事局 |
| | 定期开展海图修改的专项检查，要求各船舶严格按照航警通告及时对海图进行修改 | 基装处 | 海河、东疆海事局 |
| | 不定期选择船舶进行演习演练的突击检查 | 基装处 | 海河、东疆海事局 |
| 评估结果 | 风险等级是否已降到可接受的范围 | 是 √ | 否 |
| 备注 | | | |

## 6.3.5 信息设备或终端发生病毒传播风险综合管控预案

### 6.3.5.1 风险辨识

（1）辨识过程

依据《中华人民共和国网络安全法》等相关文件的要求，经综合辨识，确认"信息设备或终端发生病毒传播风险"是一项内部安全类风险。

（2）风险名称

信息设备或终端发生病毒传播风险。

（3）风险描述

100台以上工作重要信息系统和协同办公及公共服务应用系统的大部分关键网络设备或终端发生大规模有害程序事件，对正常办公、公众服务或重要业务运行造成严重影响。

（4）风险分类

内部安全类。

（5）风险存在范围

全局。

### 6.3.5.2 风险评估

（1）风险评估表

信息设备或终端发生病毒传播风险评估表如表6.25所示。

**表6.25 信息设备或终端发生病毒传播风险评估表**

| 评估单位、部门：科技信息处 | | | | 评估日期：2019.4.15 |
|---|---|---|---|---|
| 风险名称 | | | | 信息设备或终端发生病毒传播风险 |
| 风险描述 | | | | 100台以上工作计算机或关键信息基础设施和全局性重要业务应用系统的大部分关键网络设备发生大规模有害程序事件，对正常办公、公众服务或重要业务运行造成严重影响 |
| 分类（五类） | | | | 内部安全类 |
| 风险存在范围 | | | | 全局 |
| 风险事件可能发生位置或岗位 | | | | 全局 |
| 可能发生的风险事件 | | | | ① 外网网站等信息系统发生病毒感染，相关信息被篡改，数据或信息被窃取、泄露。<br>② 外网网站等信息系统发生病毒感染，造成信息系统运行异常、网络服务中断。<br>③ 信息系统或个人终端发生病毒感染，数据被加密，造成相关信息丢失 |
| 可能性（$L$） | | | | |
| 极易(4) | 易(3) | 可能(2) | 不大可能(1) | 1 |
| 后果严重程度（$C$） | | | | |
| 特别严重(4) | 严重(3) | 较严重(2) | 不严重(1) | 4 |
| 风险度（$D=LC$） | | | | |
| 重大 ($D \geq 4$) | 一般 ($D < 4$) | | | 4 |

（2）确定风险等级

根据评估结果，经2019年7月18日局防范化解重大风险工作领导小组会审议和2019年8月22日局党组会审定，确定"信息设备或终端发生病毒传播风险"为局重大风险。

#### 6.3.5.3 风险分析

（1）危害性分析

该风险存在的范围为全局，发生的可能性为不大可能，一旦发生，也会产生相当严重的后果，对正常办公、公众服务或重要业务运行造成严重影响。

（2）致险因素分析

一是大部分员工网络安全意识有待进一步加强。虽然目前已经通过安排自查、签订网络安全责任承诺书等手段提升网络安全意识，但是仍然存在U盘混用等行为，极易造成病毒在海事内网传播。

二是网络安全管理专业人才不足。全局普遍缺乏专职网络安全管理人员，基层兼职网络安全管理人员难以达到网络安全管理对专业性、责任心和安全意识的较高要求，无法有效督促网络安全管理工作开展，变相造成了病毒防范工作落实不及时等。

三是信息系统安全建设管理有待进一步加强。通过前期资产排查和漏洞扫描可以发现，部分正在运行的信息系统依然存在着用户名密码技术管控强度不够、数据库弱口令不能修改等问题，还存在数据库的补丁升级、0day漏洞、攻击路径不可追溯等问题，容易给计算机病毒可乘之机。

四是目前网络安全总体形势严峻且复杂。一方面，《中华人民共和国网络安全法》正式实施以来，各级网络安全主管机关对网络安全的检查越来越严、处罚越来越重。另一方面，巨大经济利益的驱使下，几年来全球高危行业暴发勒索病毒和挖矿病毒，直接导致互联网系统面临更为频繁的嗅探、扫描、流量劫持等黑客攻击，且机器智能化程度高，一旦未及时处置，短时间就能带来巨大攻击量。

（3）相关指导性文件

①《中华人民共和国网络安全法》。

②《中华人民共和国计算机信息系统安全保护条例》。

#### 6.3.5.4 风险防控措施

信息设备或终端发生病毒传播风险防控措施如表6.26所示。

表6.26 信息设备或终端发生病毒传播风险防控措施

| 措施分类 | | 降低风险可能性的防控措施 | 指导部门 | 执行单位/部门 |
|---|---|---|---|---|
| 综合措施 | 提高站位，高度重视安全工作 | 提高站位，从国家安全的角度深刻认识网络安全形势面临的严峻考验，树立正确的网络安全观，各单位要高度重视网络安全工作 | 信息处 | 全局 |
| | 加强统一领导，建立网络安全和信息化工作领导小组 | 加强组织领导，现已经成立了天津海事局网络安全和信息化工作领导小组（以下简称"领导小组"），全面负责天津海事局网络安全和信息化工作的决策、组织协调和监督工作，统筹协调天津海事局网络安全和信息化重大问题、重点项目，审定天津海事局网络安全应急处置程序，统一指挥网络安全事件应急处置工作等 | 信息处 | 全局 |
| | | 天津海事局网络安全工作遵循"谁主管，谁负责；谁运行，谁负责"的管理原则，各分支局亦成立相应的网络安全和信息化工作组织机构，承担所在单位网络安全和信息化的组织工作 | 信息处 | 各分支单位 |
| | 层层落实责任，组织签订网络安全责任承诺书 | 各相关单位要认真落实网络安全主体责任，严控风险，排查隐患，责任到岗，落实到人，细化任务清单，扎实做好安全事件应急防范和处置工作 | 信息处 | 全局 |
| | | 组织全局逐层级签订网络安全责任承诺书，提升全员网络安全防护意识 | 信息处 | 全局 |
| | | 梳理信息系统建设现状和安全建设薄弱点，向各级单位编制发放网络安全工作方案，定期指导各分支局及相关单位完成本单位终端、安全管理制度的自查工作 | 信息处 | 全局 |

续表

| 措施分类 | | 降低风险可能性的防控措施 | 指导部门 | 执行单位/部门 |
|---|---|---|---|---|
| 综合措施 | 持续推进制度完善，确保网络安全工作有章可循 | 制定并完善包含信息系统安全建设、安全管理、安全运维、安全事件管理在内的安全管理制度体系，形成《天津海事局网络安全管理办法》《天津海事局网络安全事件应急处置预案》以及《天津海事局网络安全和信息化工作指南》，将网络安全的过程记录形成固化表格附件 | 信息处 | 信息处 |
| | | 坚持信息系统全生命流程与等级保护要求的"定级、备案、测评、整改"同步进行，组织完成信息系统的安全等级保护测评与备案工作 | 信息处 | 信息处 |
| | 加强运维与培训，做到技防与机防的有机结合 | 委托组织安全行业内相关单位定期对网络安全运行状况进行检查评估，并配合做好安全整改工作 | 信息处 | 信息处 |
| | | 每年安排对网络安全运维人员从系统漏洞扫描与利用、系统渗透方式方法、主要防护手段等方面进行培训，增强网络安全运维人员的防护技能与意识 | 信息处 | 信息处 |
| | 强化应急演练，确保重点时期信息系统网络安全 | 按照上级相关要求，认真组织参与每年度系统内应急演练工作，针对应急演练过程中出现的问题，第一时间对现有信息系统基础设施进行整改和优化，从而构筑较为完备的网络安全防范体系 | 信息处 | 信息处 |
| 专项措施 | | 全面排查个人终端、应用系统用户名、密码信息，个人终端禁止使用默认账户（administrator）登录，应用系统避免弱口令 | 信息处 | 全局 |

| 措施分类 | 降低风险可能性的防控措施 | 指导部门 | 执行单位/部门 |
|---|---|---|---|
| 专项措施 | 严格禁止个人终端内外网混用，组织对内外网个人终端进行全面杀毒与木马清除 | 信息处 | 全局 |
| | 排查无管理、无使用、无防护资产，做到全部关停 | 信息处 | 全局 |
| | 所有工作人员全面排查用户名及密码、系统账号信息以及技术资料在互联网邮箱、微信、共享存储、网站论坛的留存信息 | 信息处 | 全局 |
| | 工作人员在内外网设备之间进行文件拷贝前，要对拷贝介质（例如：U盘）进行格式化处理并进行病毒木马查杀 | 信息处 | 全局 |
| | 关停所有与部署互联网系统同网络的个人终端接口，全面排查本单位内外网服务器、网络设备、安全设备信息，关停上述设备web页面管理功能，更改设备用户名及密码，达到复杂程度要求 | 信息处 | 信息处 |
| | 组织对应用系统的主机、中间件、数据库类漏洞进行全面扫测，组织对主机设备进行木马专项查杀，第一时间消除安全隐患 | 信息处 | 信息处 |
| | 在内外网边界要分析业务应用需求，防火墙按照最小化、白名单原则开启所需端口，最后一条策略设定为全部禁止。排查互联网NAT转换、网闸通道等设备配置信息，关停已停用系统的配置 | 信息处 | 信息处 |

续表

| 措施分类 | 降低风险可能性的防控措施 | 指导部门 | 执行单位/部门 | |
|---|---|---|---|---|
| 专项措施 | 向全体工作人员宣贯部局、局的网络安全应急预案与处置流程,加深工作人员对于网络安全事件的理解 | 信息处 | 全局 | |
| | 定期做好应用系统、网络设备、安全设备、服务器重要配置文件的备份工作 | 信息处 | 信息处 | |
| 评估结果 | 风险等级是否已降到可接受的范围 | 是 | √ | 否 |
| 备注 | | | | |

## 6.3.6 重要信息系统中断风险综合管控预案

### 6.3.6.1 风险辨识

(1)辨识过程

依据《中华人民共和国网络安全法》等相关文件的要求,经综合辨识,确认"重要信息系统中断风险"是一项安全监管类风险。

(2)风险名称

重要信息系统中断风险。

(3)风险描述

服务器非正常关闭、关键设备损坏、主干通信链路故障造成重要信息系统无法恢复,对单位形象造成特别严重损害的,或者在应急情况下造成重要信息系统无法恢复,并对应急处置工作的应急保障造成特别严重影响的。

(4)风险分类

内部安全类。

(5)风险存在范围

局机关。

### 6.3.6.2 风险评估

(1)风险评估表

重要信息系统中断风险评估表如表6.27所示。

## 表6.27 重要信息系统中断风险评估表

评估单位、部门：科技信息处　　　　　　　　　　评估日期：2019.4.15

| 风险名称 | 重要信息系统中断风险 |
|---|---|
| 风险描述 | 服务器非正常关闭、关键设备损坏、主干通信链路故障造成重要信息系统无法恢复，对单位形象造成特别严重损害的。或者在应急情况下造成重要信息系统无法恢复，并对应急处置工作的应急保障造成特别严重影响的 |
| 分类（五类） | 内部安全类 |
| 风险存在范围 | 局机关 |
| 风险事件可能发生位置或岗位 | 中心机房、信息运维岗 |
| 可能发生的风险事件 | ① 服务器非正常关闭、关键设备损坏24小时无法恢复，或应急情况下重要信息系统4小时无法恢复。<br>② 主干通信链路故障24小时无法恢复，应急情况下4小时无法恢复 |

| 可能性（L） ||||  |
|---|---|---|---|---|
| 极易(4) | 易(3) | 可能(2) | 不大可能(1) | 2 |

| 后果严重程度（C） ||||  |
|---|---|---|---|---|
| 特别严重(4) | 严重(3) | 较严重(2) | 不严重(1) | 3 |

| 风险度（$D=LC$） |||
|---|---|---|
| 重大 ($D \geq 4$) | 一般 ($D < 4$) | 6 |

（2）确定风险等级

根据评估结果，经2019年7月18日局防范化解重大风险工作领导小组会审议和2019年8月22日局党组会审定，确定"重要信息系统中断风险"为局重大风险。

#### 6.3.6.3 风险分析

(1) 危害性分析

该风险存在的范围为机关部门,发生的可能性为较为可能,一旦发生,会产生相当严重的后果,对国家开展应急处置工作的应急保障造成严重影响。

(2) 致险因素分析

受制于现有网络条件,部分分支结构与局机关之间没有备份链路,一旦现有通信链路中断会造成分支机构信息系统中断。

其余因素同6.3.5.3致险因素二～四。

(3) 相关指导性文件

①《中华人民共和国网络安全法》。

②《中华人民共和国计算机信息系统安全保护条例》。

#### 6.3.6.4 风险防控措施

重要信息系统中断风险防控措施同6.3.5.4。

# 第 7 章
# 天津海事局综合风险管控的应用、推广与保障措施

海事

## 7.1 风险管控的应用

通过综合采用完善线上综合风险管控模块、成立专门研究小组、加强培训交流、强化目标考核等手段，推动天津海事局风险管控机制的有效落实。

### 7.1.1 完善线上综合风险管控模块，强化自我更新

为进一步规范风险管控流程，增强线上线下工作协同，以推动各项信息互联互通为导向，将信息化手段广泛应用于风险管控的各项工作，依托单位协同办公系统，逐步完善综合风险管控模块的功能设置与审批流程，条件成熟时可建立专门的风险管理信息系统，加强和完善风险信息在各部门（单位）之间的集成与共享，实现既能满足单项业务风险管理的要求，也能满足整体和跨部门风险管理综合要求的目标。

按照综合风险管控流程，将综合风险管控模块分为风险辨识与评估、风险防控、评价与监督管理三个子模块，其中风险辨识与评估子模块包括风险清单、重大风险管控立项建议表两个单元，风险防控子模块包括重大风险管控预案单元，评价与监督管理子模块包括风险形势分析与风险管控有效性评价报告，如图7.1所示。具体综合风险管控模块操作指引如专栏1所示。

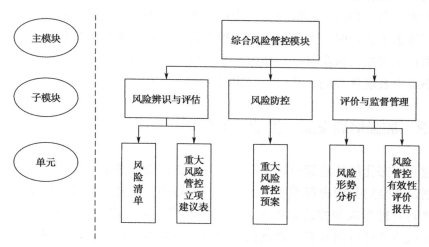

图 7.1 综合风险管控模块设置

> **专栏1　综合风险管控模块操作指引**
>
> ① 各单位、部门每季度进行风险的定期辨识、评估。在协同办公系统指定位置更新本单位风险清单及风险事件清单，涉及重大风险立项或修改建议的内容报相关风险管控工作组。
>
> 上传位置：协同办公系统—强局战略—管理强局—风险管控—风险辨识与评估—风险清单/重大风险管控立项建议表。
>
> ② 重大风险综合管控预案应根据风险评估结果及风险防控效果动态调整，经过风险管控工作组、推进办会签和风险主管部门的分管局领导审批后发布实施，并上传到协同办公系统指定位置。
>
> 上传位置：协同办公系统—强局战略—管理强局—风险管控—风险防控—重大风险管控预案。
>
> ③ 各风险管控工作组每季度末进行一次风险形势分析，从风险辨识的覆盖性、管控措施的有效性和监督落实情况等方面对风险管控工作进行分析评估。每季度末填写风险形势分析表，签字扫描后连同可编辑版一并上传至协同办公系统。
>
> 上传位置：协同办公系统—强局战略—管理强局—风险管控—评价与监督管理—风险形势分析（季度）。
>
> ④ 各风险管控工作组每年组织进行本组风险管控情况检查，结合四次风险形势分析，年底前形成本组风险管控有效性评价报告报局领导小组。
>
> 上传位置：协同办公系统—强局战略—管理强局—风险管控—评价与监督管理—风险管控有效性评价报告。

## 7.1.2　成立研究小组，加强风险跟踪研究

遵循"兴趣优先、择优而入、注重培养、强化激励"的原则，各风险管控工作组在本组范围内招募人员成立该类风险管控工作研究小组。定期或不定期组织集中办公、研讨，跟踪研究该类风险的管控方法及发展趋势，在持续提高风险管控水平的同时培养一批风险管控专业人才。各部门、单位在相关培训和研究项目上对相关风险管控工作研究小组成员予以倾斜支持，对于在风险管控研究小组中表现优异的人员给予一定的奖励。

## 7.1.3　加强培训交流，推动经验分享

建立常态化的风险管控培训交流机制，由推进办负责制定年度风险管控培训计划，在全局范围内每季度至少组织一次培训交流会，通过采用邀请国内外知名风险管理专家与推选本单位风险管控研究小组内优秀人员相结合的方式，组建在风险管控方面具有前瞻意识与实践经验的专业讲解团，在培训过程中要注重将前沿理论知识与单位风险过程中遇到的实际问题相结合，加强对典型案

例的分析,确保每次的培训交流取得良好效果。

### 7.1.4 强化目标考核,建立激励警示机制

为保证风险管控机制能够得到有效落实,风险管控体系得到不断完善,根据《天津海事局综合风险管控工作管理办法》要求,将综合风险管控列为一项局工作目标考核指标,鼓励各单位、部门加强综合风险管控工作的力度,以促进局综合风险管控机制得到良好运行,切实起到防范化解重大风险的作用。具体考核标准见专栏2。

---

**专栏2  综合风险管控目标考核标准**

基准分20分,扣分及加分上限均为10分。
(1)扣分标准
① 本单位发生负面事件没有及时进行风险辨识、评估的,每发现一起扣5分;
② 将各风险辨识落实到岗位,每个岗位梳理职责范围内存在的风险,每发现一次存在风险岗位的扣1分;
③ 落实重大风险综合管控预案中各项防控措施,未有效落实的或未按规定时限填报落实情况的,每发现一项扣1分。
(2)加分标准
① 每季度五组风险形势分析表中执行突出的单位、部门,每被提到一次加2分;
② 每填报一项上级部署文件的,风险主管部门加1分,各局重大风险综合管控预案针对防控措施每做一次有效修订,风险主管部门加5分;
③ 各组风险形式分析表每填报一项有借鉴价值负面事件并落实借鉴的,牵头部门加2分,每填报一项有更新预案价值的上级部署文件并落实更新的,牵头部门加2分。

---

## 7.2 风险管控的推广

目前天津海事局已经形成一整套较为系统完善的综合风险管控机制,具有良好的推广价值,对于国内其他海事局及整个交通运输系统也具有较强的参考价值,因而可通过采用成立工作室、提交智库建言、参加大型会议、拓宽新媒

体渠道等途径,进一步扩大天津海事局综合风险管控机制的影响力,使之成为可在全海事系统广泛应用的风险管控方法。

### 7.2.1 成立综合风险管控工作室,优化成果展示渠道

借鉴其他地方海事局成立"深蓝风卫工作室"(如图7.2所示)的相关经验做法,聘请专业设计团队,在单位内部选取合适地点,打造独具特色的天津海事综合风险管控工作室,按照功能分区将工作室的整体概况、各风险小组简介、典型经验做法和案例等内容进行创新展示,供单位内外部人员进行参观学习,进一步拓宽天津海事局综合风险管控研究成果展示渠道。

图7.2 阳江海事局深蓝风卫工作室

### 7.2.2 依托交通运输新型智库联盟,提交交通智库建言

交通运输新型智库联盟自成立以来,围绕影响新时期交通运输发展的若干重大问题产出了一系列高质量成果,为政府决策与行业发展提供了有力支撑。其中"交通智库建言"作为智库联盟面向政府呈报智库研究成果的主渠道,向部领导、各司局领导、有关省厅领导等领导层报送了多项具有决策参考价值的研究成果。因而,可将天津海事局综合风险管控研究成果进行凝练深化,撰写交通智库建言,以期得到相关部领导肯定,在更高层面获得支持。

### 7.2.3 参加海事相关会议与论坛,开展成果宣贯

充分利用"世界海事大会"、"海事管理学术年会"、"国际海事论坛"、"全

面风险管理高峰论坛"、交通运输科技活动周（行业特色科普活动）等平台载体，按照会议/论坛主题，将天津海事局综合风险管控研究成果进行具有针对性的包装优化，将综合风险管控机制与方法在会议/论坛进行分享，强化受众海事风险管控的"综合性"理念，进一步提升天津海事风险管控研究成果的影响力。

### 7.2.4 拓宽新媒体渠道，打造品牌级海事风险管控方法

以"天津海事"微信公众号平台为主要宣传阵地，制定天津海事综合风险管控成果推广方案，设置各风险管控小组介绍专栏、风险管控典型案例分享、风险管控优秀人员评选等专题，定期在公众号平台上进行推送，并采用合适的激励方式引导单位全体员工广泛转发分享。此外，可依托天津海事官方抖音、快手号，探索录制小视频、制作H5宣传动画的方式，将综合风险管控机制与当下时事热点话题有机结合，达到更佳的输出推广效果。

### 7.2.5 深化研究成果，提升综合风险管控机制影响力

将天津海事局综合风险管控作为一项长期优化的工作，对产生的阶段性成果及时进行总结归纳，通过采用撰写论文和书籍的方式，将研究成果以固化的科技成果形式推广到大众视野。此外，还可将一系列成果进行打包，申报相关科技奖项，提升海事综合风险管控机制的影响力与辐射力。

## 7.3 保障措施

### 7.3.1 加强组织领导

领导小组推进办公室要认真做好综合风险防控管理工作的指导、检查、验收和总结工作，时刻把握各时间节点上方案推进的成果及方向。各风险管控工作组要协助做好与推进办公室的日常工作联系，及时反馈方案推进过程中遇到的问题以及总结相关的成功经验，保证方案按照计划有序开展。各风险管控工作组要积极协助配合，各单位（部门）要对照方案确定的时间节点，进一步细

化分解目标任务，及时按时完成各类表格、材料的填写上报任务。

### 7.3.2　注重工作实效

以深入推进管理强局为目标，各风险防控组要注重贴近自身职能，从具体行政管理工作和权力运行流程入手，加强风险防控的日常监管，通过动态监控、各部门自查等方式，对自查、抽查、专项检查出来的问题，及时落实整改并制定措施。制定的防控措施要落实到具体工作岗位，细化到权力行使的各个环节，从而使工作任务、管控目标和岗位责任相统一，确保综合风险防控措施切实可行，防控作用效果明显。

### 7.3.3　营造良好氛围

以局内外各类宣传渠道为载体，创新风险防控宣传方式方法，通过举办"综合风险管控宣传周""典型案例宣讲周""风险管控经验分享周"等一系列活动，进一步加强风险管控宣传力度，在全局上下营造出"知风险、防风险"的良好氛围，进而增强每位海事工作人员的风险管控意识，助力风险管控各项工作的顺利开展。

# 参考文献

[1] 连财辉. 浅谈海事现场监管工作的现状及对策[J]. 珠江水运，2007(10): 34-35.

[2] 童长江. 取消船舶进出港签证后的海事监管[J]. 中国水运，2016(4): 30-31.

[3] 马长宏，杨宗保，谭菲. 海事动态网格化管理模式应用与推广[J]. 中国水运，2012(3): 20-22.

[4] 谷雨，王成璞，焦洪岭，等. 基于风险思维的海事质量管理体系升级建议[J]. 中国海事，2021(10): 28-30.

[5] 陈艳萍. 我国海事行政复议和诉讼风险管理策略研究[D]. 天津：天津财经大学，2020.

[6] 沙楚楚. 江苏海事规费征稽风险管理[D]. 扬州：扬州大学，2018.

[7] 王克. A海事廉政风险防控方案研究[D]. 大连：大连理工大学，2018.

[8] 杨艳飞. 唐山海事局辖区水上水下活动海事管理研究[D]. 大连：大连海事大学，2018.

[9] 冯浩然. 莆田辖区船舶监督海事执法责任风险防范研究[D]. 大连：大连海事大学，2016.

[10] 傅强英. 船舶管理中的海事行政执法风险与防范对策研究[D]. 大连：大连海事大学，2016.

[11] 姜东波. 东莞麻涌海事处风险管理纪实[J]. 珠江水运，2015(21): 56-57.

[12] 秦浩，邹先芝. 海南海事局财务风险管理调查实证研究[J]. 交通财会，2015(6): 40-44.

[13] 侯佳音. 基于通航管理的海事执法风险评估研究[D]. 厦门：集美大学，2014.

[14] 高健青. 三亚港海上船舶通航风险监控研究[D]. 大连：大连海事大学，2014.

[15] 邹先芝. 海南海事局财务风险管理研究[D]. 大连：大连海事大学，2013.

[16] 刘金华. 泉州海事局4R管理模式构建研究[D]. 大连：大连海事大学，2013.

[17] 向梦翔. 我国海事行政执法责任风险防范措施研究[D]. 大连：辽宁师范大学，2013.

[18] 朱登轩. 海事调查处理工作中责任风险分析、防范与应对[D]. 大连：大连海事大学，2012.

[19] 王树军. 从风险管理角度谈液货船海事监管工作[J]. 物流工程与管理，2011, 33(6): 184-185+203.

[20] 宋剑华. 4R海事管理体系的建立探析[J]. 中国水运，2010(1): 40-41.

[21] 欧义芳. 浅谈海事安全监管责任的风险管理[C]. 2006年度海事管理学术交流会优秀论文集. 2006: 60-63.

[22] 王慧峰. 渤海湾客滚船海事安全管理研究[D]. 大连：大连海事大学，2020.

[23] 杜秋磊. A海事局海事行政执法研究[D]. 大连：大连海事大学，2019.

[24] 周阳. 新时期海事管理体系的构建及应用探讨[J]. 珠江水运，2018(17): 105-106.

[25] 邹歆宸. 江苏泰州辖区港口建设费征收风险管理研究[D]. 镇江：江苏大学，2018.

[26] 钟辉. 水上交通事故风险防控策略研究[D]. 深圳：深圳大学，2018.

[27] 佘志鹏. 河北海事局溢油应急设备库管理研究[D]. 大连：大连海事大学，2018.

[28] 朱剑. 水上水下活动施工安全现场维护管理创新探索[J]. 科技展望，2016,26(17): 18-19.

[29] 魏雅萍. 我国海事系统信用管理对策研究[D]. 大连：大连海事大学，2016.

[30] 冯光. S市海事应急管理对策研究[D]. 大连：大连海事大学，2016.

[31] 朱士飞. 基于网格化管理的海事监管对策研究[D]. 大连：大连海事大学，2014.

[32] 马一意. 我国海上交通公共危机预控管理机制研究[D]. 大连：大连海事大学，2014.

[33] 赵洪亮. 新公共管理视角下的我国航标管理研究[D]. 大连：大连海事大学，2013.

[34] 陈晓翔. 谈FSA在海事现场监管模式中的应用[J]. 中国海事，2013(1): 44-45.

[35] 吴接根.创新水上交通风险管理机制 服务航运安全发展[J]. 交通运输部管理干部学院学报，2011,21(2): 27-31.

[36] 罗晓斌.海事执法责任风险评估建模研究[J]. 中国海事，2011(6): 30-33.

[37] 王正和，段贵军.海事部门管理沉船打捞问题研究[J]. 中国海事，2011(6): 49-51.

[38] 罗晓斌.海事执法责任风险预控理论探索[J]. 世界海运，2011,34(5): 53-56.

[39] 钱嘉佳，黄健.海事安全监管责任风险与对策[J]. 中国水运，2010(9): 48-49.

[40] 陈学隆."4R"安全监管模式在海事系统中的应用[J]. 中国水运，2010(8): 26-27.

[41] 曹智.长江干线重庆段水上交通安全风险识别与评价[D]. 大连：大连海事大学，2010.